絵でわかる
An Illustrated Guide to Macroeconomics
マクロ経済学

茂木喜久雄 著
Kikuo Mogi

講談社

はじめに

20年以上の受験生の声の累積

　著者は経済学の指導を20年以上おこなってきました。教壇に立って講義をするという「昔からのならわし」はとくに重要視せず、受講生と同じ目線に立って、あの問題はこう解いたらどうか？　それがダメならこうしてはどうか？　試験会場で間違える可能性があるから安全策を考えてこの解き方をしてみよう…、といった双方間での議論を重ねることに力点を置いています。合格者が後進に残してくれた計算方法やその勉強過程の中で受けた質問や意見をまとめ、次の時代のために、「どのような指導法がわかりやすいのか？」を累積していきました。

　そうした中で、経済学の学習で必須であるグラフや数式をできるだけ使わず、使ったとしても足し算や引き算、かけ算、割り算程度の作業で済ませ、考え方やイメージを優先させる短期合格システムを構築させていきました。本書は、その試みを、講談社サイエンティフィクの皆さんのご協力を得て、イラストや図表を導入してまとめたものです。

　同シリーズの『絵でわかるミクロ経済学』では、身近なテーマから導入しましたが、本書ではゲーム感覚の導入設定をして動きがあるプロセス学習を基本としました。

全員スタートラインは同じ、ここから勉強を1つ1つ積み上げていきます

　本書を読む前に、なんら準備も予備知識も必要ありません。年齢、学歴、経験、職業も一切無関係です。全員が同じスタートラインにいます。

　本書をあっさり読み終える人もいると思うし、長い時間をかかって読み終える人もいるでしょう。それぞれどちらも勝ち負けはありません。重要なのは、勉強を継続させることです。そして「完走」することです。これから本格的に経済学の基本書や問題集を自分の力でやってみようと思う気持ちを育てることが重要です。

　本書が読者の皆さん方の夢実現に向けて、ほんのわずかでも力になれることを熱望してやみません。

茂木経済塾
塾長　茂木喜久雄

本書の特色　全員スタートラインは同じ

本書の目的

　まったく初めて経済学を学ぶ方が、数式やグラフなどの知識もいらず、絵や図表をみながらマクロ経済学の考え方を身につけることができます。

特色と使い方

　経済学の入門書といっても、その多くはグラフを中心に数式が多量に使われています。本書では、長年の講義を通じて、さまざまな受講生を指導してきた著者ならではのアイディアによって、ほとんど数式に頼らない日常言葉に置き換え、無理な勉強時間も準備する必要もなく、経済学が学べるように構成されています。

ゲームで遊ぶスキルのように、経済学が身につきます。

　勉強ではなく少しゲームのことを連想してみましょう。
　従来は、ゲームをしようとすると、ゲームの時間を用意したり、使用法を覚える必要がありましたが、バーチャルテクノロジーが進んだ今日のゲームは、特にゲームの時間を用意しなくても、少しの空き時間があればいつでもどこでも手軽にプレイできるような、日常生活の中の時間とほぼ完全にシンクロしたものになっています。
　本書では、このゲームのように日常の生活と経済学の勉強をシンクロさせ、「勉強する！」という概念を捨てて、経済学のグラフ、数式、専門用語すらもほとんどわかりやすい日常の言葉に翻訳し、生活の一部になれるように努力しました。
　街を歩きながらでも、経済学的な思考を身に付けることが可能なはずです。

日常的な言葉だけで公務員試験や就職試験まで対応可能

「読む」から「見てわかる」へ

　初めて経済学を学ぶ人のために、段階的に経済学的に考え方が身につくように、考え方のプロセス、計算の手順など細かく分割し、イラストや Key Point などのサインを多用しました。

「数式」、「グラフ」から「日常の言葉」へ

　経済学で使われる数式やグラフの導入を最小限にして、全くの初学者にも丁寧でわかりやすく、学習のきっかけがつかみやすくなっています。

常に満員になる著者の超人気講義を公開!
「高いところから見下ろす講義」から「友達みたいに話し合う講義」へ

　本書の原稿は、多くの受講生のナマの言葉やメールでのやりとりから生まれた言葉がふんだんに使われています。いきなり専門的にならないように効率よく実践へ移行していきます。

日常言葉だけで、実際に本試験の出題レベルの確認問題まで解けてしまう

　おもしろおかしくテキストが構成されているばかりではなく、目標となる試験の合格にも対応しています。確認問題では、公務員試験レベル（就職試験レベル）まで挑戦でき、学習してきたことがどれほど身についたか確認できます。

　本書の内容は、公務員試験（就職試験）の教養科目（経済）をクリアできる範囲までとりあげています。専門科目（マクロ経済学）の合格水準に達するには、さらなる勉強が必要でしょう。しかし、基礎的な考え方が身についているので、より本格的な勉強や過去問集への挑戦に自信をもってとりくむことが可能になるはずです。

絵でわかるマクロ経済学　目次

はじめに　ii
本書の特色　iii

第1部　マクロ経済学を学習するためのツールと舞台設定　1

Unit 01　マクロ経済学のあらまし　2
1　政府の市場への介入　5
2　経済学の構成（ミクロとマクロ）　8
3　古典派とケインズ（ケインズ派）　11
4　セイの法則と有効需要の原理　16
5　政府の財源（最近の日本のケース）　21
6　政府活動の支出（最近の日本のケース）　24

Unit 02　マクロ経済学の舞台設定　27
1　誰がどのようなものを取引するのか？　28
2　マクロ経済学の舞台（マクロ・モデル）　29

Unit 03　国民所得とは何か？　どうやって計測されるの？　36
1　国民所得とは？　37
2　三面等価の原則　38

Unit 04　経済の波及効果を計算する　42
1　無限等比級数の和　43
2　無限等比級数と波及効果　47

第2部　マクロ経済学の理論　51

Unit 05　財市場分析（45度線分析）①　基本的な用語のチェック　52
1　「限界」という見方　53
2　フローとストック　54
3　名目と実質　56
4　インフレとデフレ　57
5　90年代後半からの貿易の変化　61
6　円高と円安　62
7　どうして円高になるのか？　66

Unit 06　財市場分析（45度線分析）②　どのように国民所得が決まるのか？　67
1　消費関数（C）　68
2　貯蓄関数（S）　70
3　投資関数（I）　72
4　総需要（Y^D）と総供給（Y^S）　75
5　投資乗数　78

Unit 07　財市場分析（45度線分析）③　政府支出はどれくらい経済効果があるのか？　81
1　政府支出（G）　83
2　税金（T）　87
3　政府支出と減税　91
4　均衡予算乗数　94
5　所得の連鎖と乗数　96

v

Unit 08 財市場分析（45度線分析）④ なぜ日本は観光立国をめざすのか？ 101
1 輸出（X）と輸入（M） 102
2 開放マクロ・モデル 104
3 ISバランス式 109

Unit 09 財市場分析（45度線分析）⑤ 完全雇用を達成させる！ 115
1 総需要（Y^D）と総供給（Y^S）のグラフ（民間のみのケース） 115
2 デフレ・ギャップとインフレ・ギャップ 118
3 総需要管理政策 123

Unit 10 貨幣市場分析① 今のお金と、将来のお金 125
1 利子率（r）とは何か？ 125
2 割引現在価値 127
3 投資決定と割引現在価値 129

Unit 11 貨幣市場分析② どうしてお金を持っているのか？ 132
1 お金の役割 132
2 貨幣の機能 133
3 お金を持つ根拠は？ 貨幣需要（M^D）の動機（1） 135
4 債券価格の計算 貨幣需要（M^D）の動機（2） 138

Unit 12 貨幣市場分析③ お金は「見かけ上」は増える！ 144
1 経済全体のお金の量 144
2 信用創造の考え方 146

Unit 13 貨幣市場分析④ 日銀も市場に介入します！ 153
1 日本銀行（日銀）の役割 153
2 金融政策 154

Unit 14 IS-LM分析① IS曲線とLM曲線の導出 164
1 IS曲線の描きかた 165
2 IS曲線のシフト 171
3 財政政策とIS曲線のシフト 172
4 LM曲線の描きかた 173
5 LM曲線のシフト 181
6 古典派の貨幣市場 183

Unit 15 IS-LM分析② クラウディング・アウト 185
1 財市場、貨幣市場の同時均衡 185
2 古典派による財政政策の無効性の主張 188
3 ケインズのクラウディング・アウト 190

Unit 16 労働市場分析 どうやって失業を解消させるべきか？ 193
1 古典派の労働市場の考え方 194
2 ケインズの労働市場の考え方 198
3 非自発的失業の解消 200

Unit 17 国民経済計算 統計上のモノサシで経済をみます 204
1 国内概念と国民概念 206
2 固定資本減耗 209
3 所得面からのアプローチ 210
4 国民所得（NI） 211
5 支出面からのアプローチ 212

索引 216

ブックデザイン｜安田あたる
カバー・本文イラスト｜中村知史

第1部 マクロ経済学を学習するためのツールと舞台設定

　マクロ経済学で学習することには、身近な新聞やニュースでも聞いたことがあるような経済問題が多く登場します。
　しかし、それを「経済学」という枠組みのなかで理論的に説明するために、誰が登場し、どのような用語を用いて、どんなツールを使いながら分析をしていくのかについて、最初に設定をしていきます。

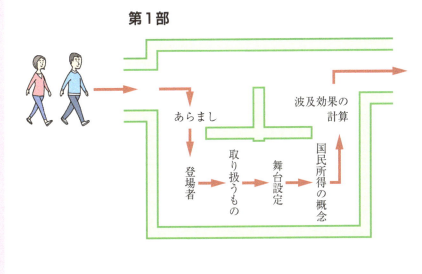

Unit 01

世界恐慌によって新たな視点が誕生した
マクロ経済学のあらまし

　街を歩いていると、いつもどこかで道路工事が行われていることに気がつくでしょう。駅前に大きな商業施設が建設されれば、それに応じて周辺の住民の暮らしも変化することになります。

　さらに、オリンピックなどの巨大イベントに伴って、複数の箇所で建設工事が大規模におこなわれる場合、周辺の暮らしのみならず、その街や県、国レベルで影響を与えることになるでしょう。つまり、街中の道路工事とは異なり、巨大建造物の構築は多くの材料の購入や運送、労働者の雇用が必要となり、工事開始からイベント終了まで多くの人がその場所に訪れることになるので飲食業者やグッズ販売店は大きく利益を獲得できるはずです。

　経済が不況にあって、景気が落ち込んでいる街で大きな建設や大きなイベントを実施すると、それによって一時的でも景気を浮上させることができるとイメージできるはずです。

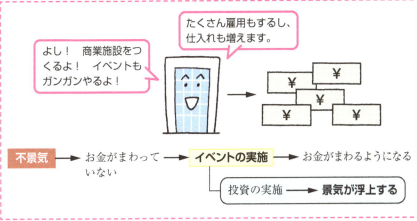

不景気だと、節約ばかりになって、お金は使わなくなるよね。

お金を使って買い物をすると、それが誰かの所得になるので、使わないとますます景気は悪くなります。

　モノがつくられたり、建設されたりすることは、「生産」とか「供給」という言葉を使いますが、誰かがつくったモノは他の誰かが買っています。いっぽう、このモノにお金を払って買うというのは「支出」とか「需要」という言葉が使われます。お金が支払われるのですから、そのお金は誰かの所得になっているでしょう。

　つまり、誰かの支出（需要）が多くなればなるほど、他の誰かの所得もどんどん大きくなっていきます。

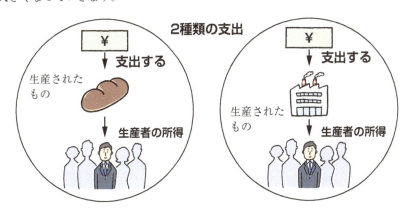

　ここで、支出（需要）に関して2つのものに分けます。支出をするといっても、

パンや本を買うお金と、機械や設備、建物を買うお金とは異なります。確かにお金を支払う、つまり「モノを買う」行為そのものは、パンを買うのも、建物を買うのも同じですが、パンは食べてしまえばおしまいです。しかし、建物は将来、今よりも良い条件で商売をして収益を産みだします。そのため、銀行はパンを買うのにはお金を貸してくれないけど建物の建設にはお金を貸してくれるはずです。

　パンを買うような支出を消費（または消費支出）、建物を買うような支出は投資（または投資支出）となります。どちらも、それによって、所得が増えるような影響を与えることになりますが、モノを購入するといっても、その時限りの「消費」と将来にわたって役に立つ「投資」とは、支出のタイプが異なります。

パンを1個買っても、それが誰かの所得になるんですね！

パンも重要だけど、建物を買ったほうが、その時の所得だけでなく、将来にわたって誰かの所得を大きくさせることができるんだね。

　投資は、機械や設備、建物を購入をすることです。この支出（需要）の増加分の所得が増えるので、景気を刺激するには有効な手段になります。投資は生産者（民間企業）が実施するので、民間投資ともいいます。

　同様に、政府も設備や建物ばかりでなく、もっと高額な橋や道路を購入します。この支出（需要）は、**政府支出**とよばれ、民間投資に対して**公共投資**とよばれます。政府自体が建設するのではなく、政府がお金を出して生産者（民間企業）に建設を依頼するので「政府が購入する」という言葉を使いますが、経済学では一連の経過も含めてまとめて政府支出といいます。

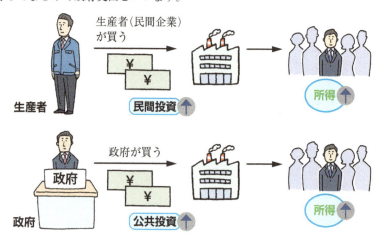

経済の安定成長のために、投資は重要な要素になりますが、生産者（民間企業）にとっていつでも投資ができる余力があるわけではなく、とくに不景気になれば投資は極端に落ち込み、所得も減少してしまうので、ますます景気は悪化していくばかりです。そこで、不景気でモノが売れなくなって、生産者の投資が行われなくなった場合、政府が市場に介入して、政府支出（公共投資）を行うことになります。これから学習するマクロ経済学では、このような政府支出というものを大きなテーマとして学習していくことになります。

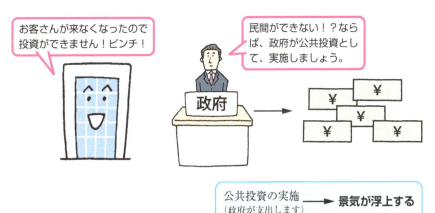

1　政府の市場への介入

プロセス1　経済の出来事

　これから学習するマクロ経済学という考え方が生まれるきっかけになったのは、1929年10月24日ニューヨークのウォール街で株式の大暴落が発生したことでした。

この事件が引き金となって、株式市場だけではなく、経済全体を悪化させることになり、1930年代には世界恐慌へと発展することになりました。
　アメリカの国民所得は半減し、失業率は25％以上にのぼったといわれていますが、この経済問題はそれまでの経済学の考え方では解決法をみつけることができませんでした。この危機的な状況から経済を回復させるために採用された新しい考え方がマクロ経済学の源流である「ケインズ経済学」です。
　経済学者ケインズが1936年に発表した「一般理論」（『雇用、利子および貨幣の一般理論』、英名では『The General Theory of Employment, Interest and Money』）が著されます。それから、有効需要の原理によって、政府の市場介入や公共投資などの妥当性が導かれ、それが当時、ニューディール政策（公共投資としてダムや橋の建設を行い、それによって多くの雇用が創出され、失業を解消させようというもの）など政府が積極的に市場に介入して成功を収めることになりました。

ケインズ

当時だったら、ダムや橋の建設といったら大量に労働者を雇用できましたからね。とにかく働いて収入を得なければ生活はできません。

プロセス2　政府の機能

　政府は市場に介入して雇用を生み出すことができますが、そのためにはお金が必要になります。つまり、政府の機能は大衆から所得税や消費税などの税金を徴収したり、国債を発行して、それを財源に教育や福祉などの公的サービスを実施したり法の整備を行うことになります。

　政府の役割として、景気が悪化して、消費が減退し、失業者が増加した時には、政府は市場に介入し、雇用を促進させるような政府支出（公共投資）、つまり景気

刺激対策を実施することになります。

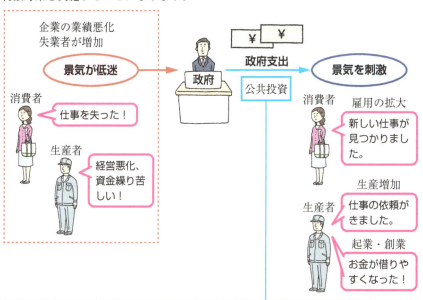

2008年にはリーマンショックに伴う景気減退をカバーするために、日本政府は合計4回、事業規模で75兆円もの経済対策を実施しました。

　新しい政権が誕生したり、不況に直面した時など、新聞やニュースで雇用促進として景気刺激対策が報道されます。これは、現在では当たり前になっている政策ですが、古くから有効視されていたわけではなく、1930年代の世界恐慌を境に経済学者のケインズによってその重要性が見出されたものです。

　それでは、ケインズ以前にはどのような政策が考えられていたのかこれから説明していきます。

選挙があると候補者や政党がいろいろと経済政策を掲げているけど、やはり雇用政策が一番効き目が大きいですね。

単に失業政策っていっても、その対策にはさまざまな主張があり、どれも長所・短所を抱えています。

Key Point

　景気が低迷し、市場の力では解決できない不況に直面した経済では、政府が積極的に市場に介入して、景気刺激対策を実施する必要があります。

2 経済学の構成（ミクロとマクロ）

```
順路                  公共投資は重要
経済の出来事 → 経済学の視点
オリンピックなどで      ┃歴史的な背景 ── 経済の見方
建設ラッシュ。景気      株価暴落、世界恐慌   ミクロ経済学と
が上向き              がおきた         マクロ経済学
```

経済をどうみるかの違いみたい。

これから学習する経済学は消費者（個人）や生産者（企業）の行動について学習するものですが、経済をどのようにみるかについて、対象を個別（ミクロ）にみるのか、それとも経済全体として集計（マクロ）してみるのかという2つの構成になっています。

経済学には、ミクロとマクロがあるの？　ちょっとたいへんだ！

ミクロ経済学

経済をミクロ（微視的）にみて分析します。個々の経済を構成する消費者や生産者について、どのように行動し、市場において、価格や取引量がどのように決定するのかを学習します。

マクロ経済学

経済を巨視的（マクロ）にみるので集計単位（トータルでみた）で消費や生産、所得や雇用、物価水準などがどのように決定するのかを分析します。

これはケインズの「一般理論」(1936)に端を発した分野で経済政策の妥当性や経済全体の動きを学習していきます。

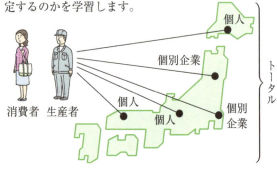

ミクロ経済学では、分析対象について、消費者の「Aさん」という個人や生産者の「A社」という一企業など、個別の単位での最適な状態を考えていきます。それに対して、マクロ経済学では「日本国全体」とか「地域全体」という**集計単位**で分

8

析をおこなうことになります。つまり、日本の国内総生産（GDP）の大きさ、日本と中国の貿易問題、アメリカの経済政策など国単位の現象を考えることになります。

ミクロ経済学でもっとも利潤が大きくなるような水準を決定するんだから、その生産量を国民全体で足し算すればマクロ経済学になるんじゃないの？

確かにそうなんだけど、必ずしもすべてにあてはまるわけじゃないんだ。

一見、個別のミクロ的な単位をすべて足し算するとマクロ的な集計単位として分析可能になると思われそうですが、じつはそう簡単にはならないケースが出てきます。次のような例で考えてみましょう。

> **例題**
>
> Aさんは老後に備えて、お金を使わないように節約して貯蓄を増やしています。このAさんと同じことを国民全体が思うと、その国の貯蓄は増えていくでしょうか？

ミクロ的な単位でみる、つまりAさん個人だけでみると、老後に備えてお金を使わないようにすれば貯蓄は当然、増えていくでしょう。それなら個人に限っては心配は少なくなります。

けれど、マクロ的な集計単位でみると、Aさんのみではなく、集計単位でみた消費者全体がお金を使わなくなるとモノが売れないために経済が悪化し、かえって国民全体の老後が心配な状況になることが想定できるはずです。

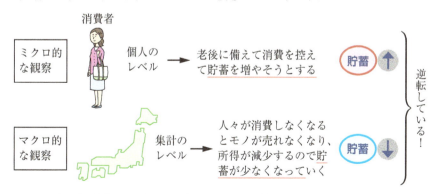

このように経済学では異なった結論になる可能性もあるので、ミクロとマクロという2つの視点が常に必要になるのです。

経済学は、ミクロ経済学とマクロ経済学の2つから構成されていますが、そのなかにおける分析内容や考え方で異なる部分は多く存在します。また、分析の際に、使われる用語も異なります。たとえば、モノを購入した場合では次のようになります。

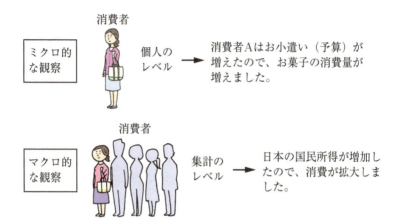

　ミクロ経済学ではラーメンのようなモノ（経済学では「財」といいます）の消費量や生産量が決定されます。これは、具体的には財布のなかのお金（予算）でお菓子を何個購入することができるかという数量を求めたり、もう一方で、お菓子の生産者は何個の生産量にするのが一番儲かるかという**具体的な数値**で表すことになります。

　もちろん、お菓子は1個、2個と数えますが、テレビの生産量は何台、雑誌は何冊という個々の産業においてメーカーは生産量を決定し、個々の市場の状況によって価格は何円になるのかを判断しています。

　それに対して、マクロ経済学では単純に「生産（供給）」といったら、日本全国のトータルでの生産（供給）の大きさを表すことになります。

　ミクロ経済学のようにお菓子もテレビも雑誌もすべて足し合わせるのでは、いくつつくったのかという生産量を数値で出すことはできません。それぞれ単位も違えば性質も異なります。

　そこでマクロ経済学では、お菓子もテレビも雑誌も個々の生産量を「金額」に直して、それを足し合わせた**トータルの金額**で表示することになるのです。

　そのため、単に所得でも「国民所得」や「国内総生産（GDP）」、消費や投資といった金額表示された単位を用いることになります。

ミクロ経済学では、生産されて売られた分は1個、2個、100個って数量で求めることで表すわけですね。

マクロ経済学では、生産されて売られた分は国内総生産として金額で求めることができるんです。

3 古典派とケインズ（ケインズ派）

順路

公共投資は重要

経済の出来事 → 経済学の視点
オリンピックなどで建設ラッシュ。景気が上向き

└ 歴史的な背景 ── **経済学の学派**
株価暴落、世界恐慌がおきた　　古典派はミクロ経済学を援用した考え方

ケインズ以前には、マクロ経済学はなかったの？

マクロ的な見方はあったんだけど、ちょっと様子が異なるみたい。

　マクロ経済学が経済学者ケインズと関係を持っていることを最初に紹介しましたが、ケインズは自分の理論を「一般理論」として、以前の経済学者を「古典派」と位置づけました。古典派はミクロ経済学を前提としてマクロ的な経済を観察していたので、ケインズとは異なるアプローチになっていたのです。

古典派の考え方

経済学者　　古典派

経済問題 → 失業が発生
解決策 → 市場の力が解決してくれる
失業の解消のためには政府が介入することはありませんでした。

経済学の代表的な経済問題として失業があります。失業が発生している経済は景気が悪く、モノが売れ残っている状態です。モノが売れなければ生産者にお金が渡りません。単純にいえば、それが失業の原因でもあります。

しかし、古典派はその失業という現象は一時的なものであると考えました。つまり、売れ残りの商品があっても市場の力によって価格は下がり、価格の下落とともにモノは売れ、失業も解消すると考えたのです。

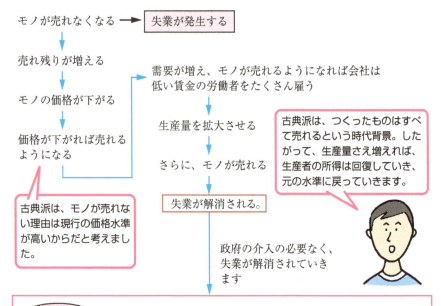

古典派は価格調整メカニズムに絶大な信頼を置いていました。アダム・スミスが提唱した「**神の見えざる手**」によって、市場で価格が決まり、それが売れすぎも売れ残りもない、取引量がまるで神に導かれるように自動的に決定するというものです。

売れすぎるモノは価格が高くなっていき、売れないモノは価格が低くなっていき適正な取引量が実現できるわけですね。

　古典派にはマクロ経済学のようなマクロ的な視点や考え方がなかったわけでなく、ミクロ経済学をベースにマクロ経済学を説明することになります。

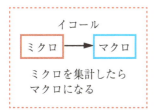

　古典派は価格理論をメイン・テーマに分析し、消費者や生産者を個別にみて経済を考察する分野です。いっぽう、マクロ経済学は集計単位で経済を分析します。このことから、ミクロを集計させたものがマクロになるという発想でした（市場に参加している消費量や生産量を足し合わせて全体を把握します）。

　たとえば、マクロ経済学のなかでもっとも重要な論点の1つに、「消費は何によって決まるか？」というものがありますが、古典派はミクロ経済学をベースにマクロ経済学を説明するので、消費はミクロ経済学と同様に価格に依存して決まると考えます。

価格が下がれば消費量は増え、価格が高くなれば消費量は減少します。

　したがって、このような視点で経済をみた場合、政策目標は**価格の適正化**になります。つまり、価格が適正でない（たとえば、独占企業が現れて割高な独占価格で販売）場合には、政府が市場に介入して、価格を適正化させるようにします。

> **Key Point**
>
> 　古典派は価格調整メカニズムに信用を置き、**市場の力によって失業は解消できる**と考えました。したがって、財政政策を軸とした政府の市場への介入には消極的であり、「**小さな政府**」を提唱しました。

Unit 01　マクロ経済学のあらまし　13

ケインズの考え方

順路

経済の出来事 → 経済学の視点
オリンピックなどで　　公共投資は重要
建設ラッシュ。景気
が上向き
　　　　└ 歴史的な背景 ── **経済学の学派**
　　　　　　株価暴落、世界恐慌　　ケインズは新たな一般
　　　　　　がおきた　　　　　　　理論を打ち立てました

1930年代に**世界恐慌**が発生しました。アメリカでは失業率が25％に達し、人々の所得は低下しました。失業は黙っていても解決されません。ここで古典派が主張していたような伝統的な経済学はもはや通用しなくなったと考えられました。

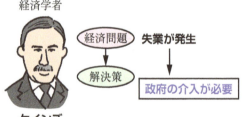

ケインズは古典派のように価格が市場の力で敏感に反応しないと想定しました。
　大不況下の経済では、モノは売れなくなり断続的に企業収益は悪化し、働きたくても働けない失業（**非自発的失業**）が存在するようになると考えました。そこで、政府は積極的に市場に介入し、政府支出（公共投資）の実施によって失業を解消させなければならないと主張しました。このように政府による需要を喚起させる政策は**財政政策**とよばれます。

モノが売れなくなる ── 失業が発生する

売れ残りが増える

市場価格は下がらない
価格は動かない！

> 自主的に働かない人々を**自発的失業**とよぶのに対し、雇用機会に恵まれず働けない人々を非自発的失業といいます。

この失業者は現行の賃金で働きたくても働けない状態になっている

政府の介入
公共投資（政府支出）を行う

> 政府支出によって、所得が上がり、消費にお金を使う（需要）ようになり、経済がまわりだします。

失業が解消される

> 古典派みたいに、生産量を増やせば失業問題を解決できる！　というわけではなさそうね。

> ケインズはいくら生産量を増やして売れなければ意味がないと考えたんだよね。つまり、お金を払ってモノを買うという需要が経済をひっぱる！　と主張したんだ。

《参考》 メニュー・コスト理論

　価格が伸縮的に動かないという「**価格の硬直性**」を説明する仮説のなかにメニュー・コスト理論というものがあります。これは、生産者は価格を変更しようとした際にかかる費用を考慮するというものです。たとえば、これまでつくった商品のカタログの価格改定に伴う印刷代や自動販売機の変更、メニューの書き換えに伴う費用、新聞広告やテレビCMのつくり直し、さらに価格情報の変更を営業社員に伝達したり再教育したりするための費用などがあげられます。これらを総称して、**メニュー・コスト**といいます。

　メニュー・コストとそれに対応する利潤の増加を比較して、後者の増加が期待できなければ現行の価格を維持すると考えられます。

　ここでケインズの主張が重要なのは、ミクロの援用論としてマクロがあるのではなく、マクロ経済学はまったく別の分野として、しかもそれを一般理論として発表したことです。

イコールではない
ミクロ ✖ マクロ　　マクロはミクロとは異なった分析が必要

　たとえば、「消費は何によって決まるか？」というテーマに対しては、古典派は価格に依存して決まると考えましたが、ケインズは消費は**所得**に依存して決まると

考えます。

所得が上昇すれば消費も増え、所得が下落すれば消費も減少します。

したがって、消費を増加させるために、政策目標はまず所得を増加させることになるはずです。

> **Key Point**
>
> ケインズは、財政政策が十分に可能な「大きな政府」を主張しました。そして公共事業を中心に失業者を吸収し、景気低迷を克服できると考えたのです。この提唱によって、1930 年代の大不況時には**ニューディール政策**が行われ、ダムや橋が建設され、多くの雇用が創出されたのです。

4 セイの法則と有効需要の原理

順路

経済の出来事	→	経済学の視点	→	経済学の論点
オリンピックなどで建設ラッシュ。景気が上向き		**公共投資は重要** └ 歴史的な背景 株価暴落、世界恐慌がおきた		**セイの法則と有効需要の原理** 需要と供給のどちらが経済を牽引するのかを考えます

マクロ経済学では、一国全体における経済の大きさをみることになりますが、その大きさを決定するのは需要サイドなのか、供給サイドなのか、を考える必要があります。

ここから、ちょっと理論の話になるね。

セイ（セー）の法則

　まず、古典派は供給者（生産者）が経済の規模を牽引すると考えました。それは、**セイ（セー）の法則**によって裏づけられます。

　セイ（セー）の法則は、「供給はそれ自ら需要を創出する」というものであり、価格調整メカニズムが機能することを前提に、「つくったものはすべて売れる」といいかえられます。すべてのモノが売りつくされる経済では供給（生産）サイドが経済を決定するのです。

　　　　　　　　　　　　※セイ（セー）は古典派の経済学者の名前です。

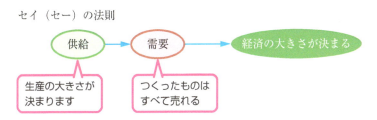

　供給サイド、つまり生産の大きさが経済の大きさを決めると考えた古典派の主張に対し、ケインズは需要サイドが経済をひっぱることを次のように説明しました。

つくったものがすべて売りつくされるなんて、生産者にとってはうれしいですね！

有効需要の原理

　ケインズは、生産者がモノをいくらたくさんつくっても、それがお金を出して需要されなければそのモノの価値は見出されないと主張しました。つまり、供給ではなく需要が経済の大きさを決定するというものです。

この貨幣支出を伴う需要を**有効需要**といい、失業が存在するような経済では経済の大きさは有効需要の大きさに牽引されるのです。これを**有効需要の原理**といいます。

有効需要の原理

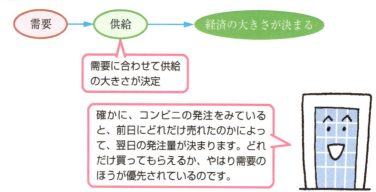

この有効需要には次のものがあります。

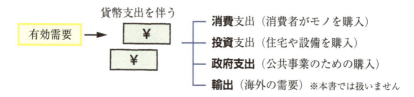

有効需要には、消費、投資、政府支出などがありますが、不況にある経済では消費も投資も拡大は期待できないために、政府支出を増加させることがもっとも失業対策に適していると判断できます。

> **Key Point**
>
> 有効需要の大きさが経済の大きさを牽引することになります。有効需要には消費、投資、政府支出、輸出があり、その増加は景気にインパクトを与えます。

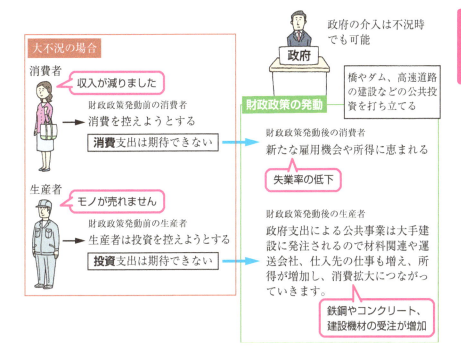

有効需要のコントロール

　ケインズは消費者、生産者の民間経済は不安定であり、さらに景気は不況の時もあれば、好況の時もあり、それが失業やインフレなどの経済問題を引き起こす結果になると考えました。そこで、市場に政府が介入して裁量的な財政政策による**有効需要をコントロールする**ことによって完全雇用の実現と安定成長が達成できると提案しました。

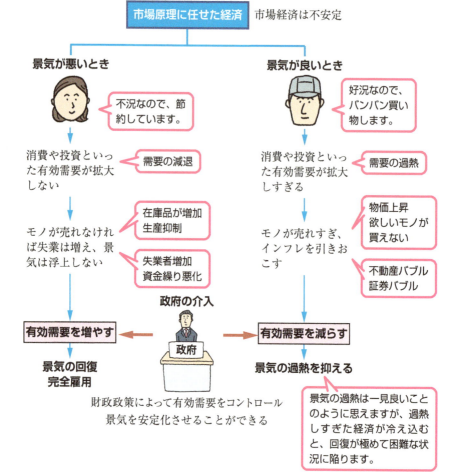

確認問題

次の1~4のうち、有効需要の原理に関する記述として妥当なものはどれですか。

1. 労働市場において、失業は発生せず、完全雇用の状態が自動的に実現します。
2. 市場に供給されたものは、価格が伸縮的に調整されることによってすべて売りつくされます。
3. 需要が供給をつくり出すため、生産は需要の大きさに見合うだけ行なわれるように調整されます。

4. 現在、過去、将来に及ぶ貨幣支出を伴わない需要も有効需要として経済に影響を及ぼしています。

（地方上級　改題）

【解説】
問題文では、有効需要の原理に関する記述なのでケインズの主張を選ぶことになります。古典派との分類ができるかどうかが試されます。
1. ×　完全雇用が市場の力のみで自動で達成できるというのは古典派の主張です。
2. ×　すべてのモノが売りつくされるという前提は、古典派によるものです。
3. ○　有効需要の原理に従えば、需要の大きさに供給が合わせることになります。
4. ×　単に「ほしい！」という需要では経済に影響を与えず、有効需要には該当しません。貨幣支出を伴う需要が有効需要であり、これが経済を牽引します。

したがって、**3が正解**です。

5 政府の財源（最近の日本のケース）

順路			
経済の出来事	経済学の視点 公共投資は重要	経済学の論点	まとめ
オリンピックなどで建設ラッシュ。景気が上向き	歴史的な背景 株価暴落、世界恐慌がおきた。伝統的な経済学では対処できなかった	有効需要の原理 需要の大きさが経済を牽引するので、政府が需要をコントロールすれば安定成長	現実へのあてはめ

最後に、最近の日本のケースについてみていきます。

政府が市場に介入して、公共投資や政府消費（Unit 17で説明）などの支出を断続的に実施していけば、いつまでも経済が安定的に成長できるはずですが、実際にはなかなかうまくいきません。

政府自体は、生産者ではないのでモノを取引してお金を稼ぐことはできず、大衆からお金を集めて、それを財源（元手）に政府支出していくことになります。

平成29年度の一般会計予算を参照すると、集められたお金の内訳は、税金（税

政府はお金をもっているのかな？

収）は約6割弱で、3割以上が公債金収入ということになっています。公債金収入というのは、政府が税収による財源が十分に確保できない時に、国民に借金をしてお金を集めることですが、具体的には「**国債**」を発行してそれを売って集めたお金です。

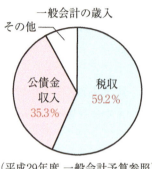

（平成29年度 一般会計予算参照）

歳入というのは、日本政府の一般会計における収入のことで、これを財源に政策を実施します。

ただし、国債には期限があって、10年国債であれば10年後に満期日がやってきて、買ってくれた人にお金を返済し、その10年の間に、国債を持っている人には利息が支払われます。つまり、国債の取引（売却と購入）といっても日本政府が日本国民に借金をしていることにほかならず、国債はその借用書のようなイメージになります。

> **TOPIC**
>
> 　2008年のリーマンショック以降、税収が落ち込む政府は国債の発行に頼らざるを得ない状況が続きました。いっぽうで、金融商品に対する人々の目が慎重になるなかで、注目されたのがこの国債の購入だったのです。
> 　国債はリスクが低く、預金より利子率が高い場合もあり、売買することもできるので、さまざまな運用の工夫が可能になります。

政府が発行する国債には、建設国債と特例国債（赤字国債）の2種類があります。建設国債は公共事業などにまわる財源です。建設国債は橋や道路などの巨額になる投資で、たとえ国債でまかなったとしてもその分の経済の発展に貢献するはずです。特例国債（赤字国債）は国会の議決を経た金額内で発行されます。特例国債（赤字国債）は単に政府の予算執行に必要となるお金が税収減などで不足した分を国債発行で穴埋めするというものにすぎません。つまり、わざわざ借金をして使ったお金に見合った資産は存在しないのです。一般の家計にたとえていうのなら借金をしたお金は、建設国債なら住宅ローンに充て、特例国債（赤字国債）なら生活費に充てるような状況です。

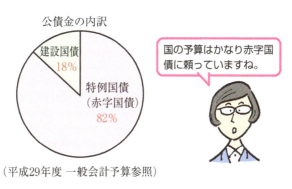

（平成29年度　一般会計予算参照）

　そして現況は、その特例国債（赤字国債）が公債金の8割を超えてしまっており、財政的に健全とはいえないような状況が続いています。

TOPIC

　リーマンショックを発端とする世界同時不況が懸念され、政府は定額給付金の支給を皮切りに景気刺激対策を閣議決定しました。
　ただし、政府は消費税増税なども示唆していることから、定額給付金の支給に対する経済効果は期待できないという意見もありました。

　景気刺激対策が新聞やニュースなどで「バラマキ政策」などと批判されることがあるのは聞いたことがあるはずです。これはどういう問題があるかというと、不況であれば確かに政府の景気刺激対策が重要ですが、その財源を特例国債（赤字国債）で行えば、そのお金はあくまで借金であるということです。
　つまり、今、定額給付金で一時的に消費者の収入が増加しても、そのお金で買い物をしてくれないかもしれません。

なぜなら、特例国債（赤字国債）による財源であれば、その借金を返済するために、何年か先に増税がなされることが考えられるからです。

そうした増税を考えるのであれば、支出を控えることになり、政府が期待したほどの景気の刺激にはならない可能性があります。

景気刺激対策は重要だけど、その財源が国債発行という借金だと、いろいろな意見もあるようですね。

借金を返すための増税なら反対意見も多いし、まず今ある国債残高を減らすことが重要だ！

6 政府活動の支出（最近の日本のケース）

政府支出で使われるお金は、公共事業としてインフラ整備に向けられます。橋や道路の建設にかかるお金は、消費者の買い物に使うようなお金とは規模が違いますから、その事業を建設業者が受注して、お金がまわるようになればその政策は目的達成です。

しかし、右の円のグラフのように、最近の政府の支出状況をみると、公共事業のために支出されるお金は全体のわずか6％程度になっています。これはどういうことなのでしょう。

日本は終戦後、失った建物や橋や道路の再構築、経済の基盤となるインフラの整備を行い、基幹産業に資源を注いで経済発展に力点を置きました。

さらに、1955年から1973年まで年平均の経済成長率は10％を超える**高度経済成長**を達成しました。工場建設などの大きな設備投資、三種の神器とよばれた「テレビ、冷蔵庫、洗濯機」などへ消費が拡大し、大量生産時代をむかえました。その時代はどこの家庭にも家電は行き届いていなかったし、社会全体に需要を拡大させる「余力」が十分にあったのです。

一般会計の歳出

公債費 24.1%
社会保障 33.3%
その他
地方交付税 16.0%
公共事業 6.1%

（平成29年度 一般会計予算参照）
歳入というのは、日本政府の一般会計における支出のことです。

日本もかつては10%を超える経済成長の時代があったんだね。中国、そしてインドもそういった時代を迎えているのかな？

日本では、2000年代でもIT革命があったり、最近では第4次産業革命（人工知能やモノのインターネット、3Dプリンターなど）などのイノベーションが経済発展のカギになっているようですね。

　経済発展の源になるのは、新しい建設や新しい生活、新しい仕事環境であって、それが完成してしまうと途端に経済発展の恩恵も縮小されていきます。

　つまり、日本のような先進国ではすでにインフラの整備が整ってしまっているので、これ以上の公共投資を行っても大きな景気刺激対策にはなりにくいという状況になっているのです。

　公共投資のなかでも景気刺激効果が大きい（ヒト、モノ、カネが動き、大きな雇用を産み出す）ものは、鉄道、港湾、空港、電力などですが、日本はこれらのものはすでに整備済みで、現在は公共事業は防災、減災、老朽化対策や公園、下水道など重要なものではありますが景気刺激効果としては小さいものばかりになっています。

　では、日本政府は何にお金を使っているのでしょう？　円グラフをみると、もっとも大きな割合を占めるものが**社会保障**です。医療や介護、子育て支援に使っています。インフラ整備のように雇用を産み出すような支出ではありませんが、なかなか削減できないものです。

　次に大きいものが公債費です。これは、国債を買ってくれた人に利息を支払ったり、満期が到来した国債に借りたお金を返す支出になります。過去に国債を膨大に発行しているのでこの公債費の割合も大きいのです。

　一般会計の歳出に占める割合が大きい順番は、社会保障費、公債費、地方交付税、公共事業費になっています。

> **Key Point**
>
> 　現在の日本において、政府の一般会計予算に占める公共投資の割合は1割にも満たない数値になっています。

> **確認問題**
>
> 次の1～4のうち、平成29年度のわが国の一般会計予算に関する記述として妥当なものはどれですか。
> 1. 歳入の8割が税収で占められていて、国債発行による調達は10％前後です。
> 2. 発行される国債のうち、公共事業目的の特例国債が20％弱を占めます。
> 3. 一般会計の歳出に占める公共事業費は1割を占めます。
> 4. 一般会計に占める割合が大きいものは、社会保障費、公債費、地方交付税、公共事業費の順です。

【解説】
1. ×　税収比率は歳入の59.2％を占めます。国債に頼っている割合（公債依存度）は35.3％になります。
2. ×　公共事業目的の国債は建設国債とよばれ、18％弱になります。
3. ×　一般会計の歳出に占める公共事業費は6％程度で1割に満たない数字です。
4. ○　社会保障費、公債費、地方交付税、公共事業費の順です。
　4が正解です。

> **TOPIC**
>
> 　日本経済は1990年代初頭に起きた資産バブル崩壊以降、「失われた10年」、「失われた15年」、最近では、「失われた20年」とさえいわれています。資産バブル期に投機的で過剰な投資が行われ、資産価格が実体経済から大幅にかけ離れて上昇しました。しかし、まもなく投機熱が冷めるとまるでバブル（泡）のように破裂して資産価格は急落してしまい、需給バランスを崩壊させてしまう状況に陥ります。そして、過剰な設備投資はその後、あまりに巨大な不良債権として残ってしまい、その処理が遅れたことがその後の資産デフレと景気後退の要因だと指摘されています。
>
> 　好景気は確かに望ましく、過熱した景気は需要も雇用機会も創出されるので消費者も生産者も続いてほしいと願うでしょう。しかし、過熱した景気が一旦冷え込むとそれから景気が再び回復するのにとても長い時間が必要ことを、「バブル崩壊」によって、わが国は知ることになりました。
>
> 　後になって、もっと早くに景気抑制策を実施しておけば、これほど長期の低成長期に直面しなかったと後悔する声もありますが、どのタイミングで政府が介入し、景気対策をどのように発動するべきなのか、議会で承認されるのはいつなのか、決定してもいつになったらそれが効果を発揮するのか？　などを考慮すると、政策担当者にとって景気にタイムリーな政策の実施は簡単にはいかないのです。

Unit 02 マクロ経済学の舞台設定

誰が何を扱い、どのような関係になっているのか？

第1部 マクロ経済学を学習するためのツールと舞台設定

　Unit 01 で学習したように、マクロ経済学は政府の市場介入の妥当性についての良し悪しを中心に分析していきます。それなら、多くの議論をするまでもなく1ページくらいで結論がまとめられそうですが、じつはマクロ経済学というのは、どのような市場で、何のツールで使うかによって同じ経済現象でもみえ方がまったく異なっていきます。

　そして、マクロ経済学では、経済の仕組みは非常にバランスが取れた体系をなしているので、モノやお金、労働、貿易などの相互関係を把握していくことになります。

　この Unit では、これからマクロ経済学を学習するうえで出てくる主な登場者と、計算を行ううえでそれらの登場者の関係を表した「経済の仕組み」を紹介します。

　いい換えれば、この Unit は、新しいモノやゲームを入手した時の説明書きのようなものです。最初から説明書をじっくり読む人は少ないように、実際に使っていきながら振り返ったり、確認したりすることになります。ここでは、最初から新しい言葉がたくさん出てきますが、これから学習するにあたってどのような用語を使っていくのかという全体的なイメージをもっていただくページになります。

1 誰がどのようなものを取引するのか？

　マクロ経済学では、**消費者（家計）**、**生産者（企業）**、**金融機関**、**政府**、**海外**という5つの出場者を扱います。マクロ経済学の登場者は経済主体とよばれます。「海外」については、海外の消費者、生産者、金融機関、政府なので、そのつど「海外を含める」と指示され、具体的に分析から除外し、残りの4者の関係が基本的なマクロ経済学のモデルになります。

ゲームのキャラみたいなものだね！

消費者

生産者

金融機関

政府

海外

取り扱うもの

　マクロ経済学で上記の経済主体が扱うものは、財（モノやサービス）、貨幣、労働、債券の4つになります。それぞれに市場（需要と供給）があって、財市場、貨幣市場、労働市場、債券市場という4つの市場もありますが、3つが均衡（需要＝供給）していれば残りの1つは均衡しているはずなので、債券市場を外した財、貨幣、労働市場の3つを扱うことになり、これらすべてが均衡している、つまり需要と供給が一致している状態を**マクロ一般均衡**とよばれます。

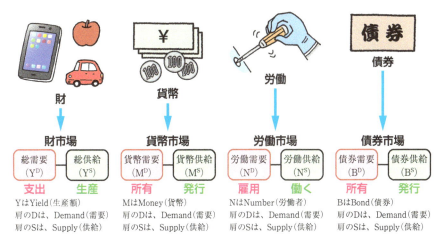

マクロ経済学で取り扱われる市場については、財、つまりモノが取引される市場は**財市場**とよばれていて、財の需要を総需要（Y^D）、財の供給を総供給（Y^S）といいます。また、**貨幣市場**では貨幣需要（M^D）と貨幣供給（M^S）、**労働市場**では労働需要（N^D）と労働供給（N^S）、債券市場は債券需要（B^D）と債券供給（B^S）として各市場の需要と供給の均衡をみていくことになります。

※財市場は「生産物市場」とよばれることもあります。

2 マクロ経済学の舞台（マクロ・モデル）

次に、これらの登場者（経済主体）が取り扱うものによってどのように関係づけられるのかを説明します。

この設定は、一般に**マクロ・モデル**とよばれていて、マクロ経済学における経済主体間の相互関係を表すもので、試験の問題で市場にはどのような経済主体がいるのかを次の図のように指定してきて、分析を行い、問題を解くことになります。たとえば、「政府が存在しない市場」と「政府が存在する市場」とでは分析も結果も異なります。

出題パターン

問題：政府活動が存在しない民間のみのマクロ・モデルを想定する。

問題：消費、投資、政府支出からなるマクロ経済を考える。

問題：海外部門を考慮しないマクロ・モデルが次のように与えられている。

舞台設定 （マクロ・モデル）

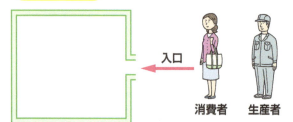

試験に出題されるマクロ・モデルをみていきます。最初は消費者と生産者のみが入場します。

設定 1 ：市場に消費者と生産者しかいないケース
（主に古典派との比較で用いられます）

出場者（経済主体）
消費者　生産者

まず、生産者と消費者しか存在しない経済を考えます。

ミクロ経済学を基礎とした古典派が想定したモデルで、古典派との比較のためにマクロ経済学でも使うことがあります。

経済のしくみ

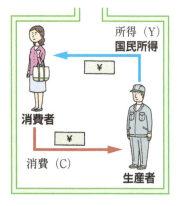

モデルの概略（設定 1）

①消費者は、労働を生産者へ提供し、**所得**（Y）を得ます。消費者が受け取った所得は「稼いだお金」ですがマクロ経済学では一国のすべてを集計するので、これが**国民所得**（Y）になります。

②消費者は所得を獲得し、これをすべて**消費**（C）にあてます。消費に使われたお金はまた生産者に入っていきます。

マクロ経済学では国民所得（Y）の大きさが問題になるので、このモデルでは消費（消費支出）の大きさに等しくなります。

取り扱うもの
所得（Y）と消費（C）

Y は Yield（生産額ですが、国民所得や国内総生産にもなります。）
C は、Consumption（消費）

所得（Y）に関しては、マクロ経済学の問題では「国民所得」というのが一般ですが、所得の大きさは生産の大きさ（モノを売って得たお金）に等しくなるので国内総生産（GDP）ということもできます。　※GDPは、Gross Domestic Productの略

設定2：市場に消費者、生産者、金融機関のみのケース
（政府が存在していない市場）

次に、消費者、生産者、金融機関が存在する市場を考えます。これは試験では「政府はないものとする」「民間のみとする」といういい方で出題され、マクロ経済学ではもっともベーシックなモデルになります。

金融機関が入ってきます。ここで、モデルを少し入れ換えてみましょう。

経済のしくみ

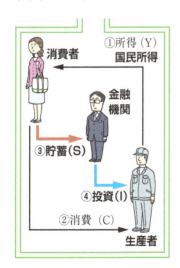

モデルの概略（設定2）

設定1と比較してみましょう。設定1では消費者は、働いて受け取った所得をすべて使っていましたが、金融機関が入ると少し変わってきます。
① 消費者は仕事をして所得(Y)を受け取ります。
② 所得は消費（C）にまわします。
③ 所得のうち消費しなかった分を**貯蓄**（**S**）といいます。
④ 金融機関は貯蓄されたお金を元手に生産者（企業）へ融資（貸し出し）し、お金を借りた生産者はそのお金で新たな**投資**（**I**）を行います。

> **取り扱うもの**
> 所得（Y）、消費（C）、貯蓄（S）、投資（I）

Sは、Saving（貯蓄）、Iは、Investment（投資）

> **Key Point**
> 民間のみのマクロ経済における国民所得の決定式
> 　　国民所得（Y）
> 　　　＝消費＋投資

　生産者の投資（I）というのは、飲み食いに使うわけではなく、建物を建てたり、商品を仕入れたりするなど将来の商売のためにつかうもので、それは収益を生み出すものへの支出になります。

　収益が発生するようになってから、金融機関へ融資された金額の返済にあてることになります。

　いいかえれば、一国において**貯蓄された金額だけ投資を実施することが可能**になります。

　このモデルでは**有効需要は消費支出と投資支出の大きさになる**ので、

　　国民所得（Y）＝消費＋投資

になり、貯蓄分のお金がすべて投資に使われたときにそれ以上経済が大きくならないのでその水準で経済は均衡することになります。つまり、

　　投資＝貯蓄

のときに経済は均衡し、バランスが取れた状況になります（Unit 06で詳しく説明します）。

設定3 ：市場に消費者、生産者、金融機関、政府がある場合
（閉鎖経済を前提）

　さらに、消費者、生産者、金融機関、政府が存在する市場を考えます。これは試験では「海外は除外する」「閉鎖経済」という表現で出題され、政府が入っているのでマクロ経済学の独特のモデルになります（ミクロ経済学では存在しませんでした。）。

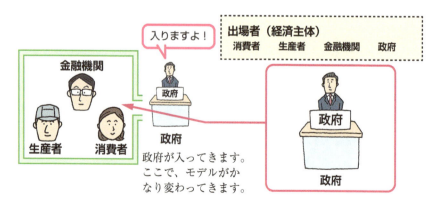

政府が入ってきます。ここで、モデルがかなり変わってきます。

経済のしくみ

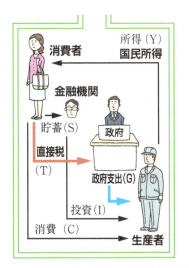

取り扱うもの
所得(Y)、消費(C)、貯蓄(S)、投資(I)、政府支出(G)、税金(T)

G は、Government（政府支出）
T は、Tax（税金）

モデルの概略（設定3）

消費者（家計）は、入ってきた所得のうち、まず最初に、政府に対して**税金（T）**を支払います（一般に直接税に該当します）。

そして残ったお金が処分可能（手取りの所得＝**可処分所得**）となります。それが消費と貯蓄に分けられます。
（生産者も税金を支払いますが、今の段階では省略します。）

次に、政府はそれぞれの経済主体から集めた税金をもとに**政府支出（G）**を行います。具体的には、政府がお金を出し、道路や公共施設を整備するので、政府から生産者へお金が渡り、消費者（労働者）を雇うので、それがまた所得となっていきます。有効需要は、消費、投資、政府支出になるので、

このモデルでは、
　国民所得（Y）＝消費＋投資＋政府支出
で表されます。

Key Point

閉鎖経済のマクロ経済における国民所得の決定式
　国民所得（Y）＝消費＋投資＋政府支出

政府支出(G)は消費者と生産者から集めた税金を財源に実施しているわけですね。

設定4：市場に消費者、生産者、金融機関、政府、海外がある場合

最後に、消費者、生産者、金融機関、政府、海外が存在する市場を考えます。これは試験では開放経済という表現で出題され、主に貿易に関する問題になります。

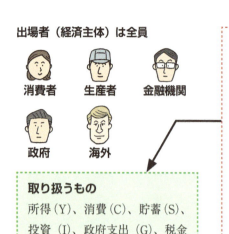

海外を含めた場合、追加されるのは輸出（X）と輸入（M）になります。輸出（X）というのは海外からの需要のプラス分であり、輸入（M）は海外への需要のマイナス分になります。そのため、（輸出－輸入）として、需要分に足し算されることになります。下図では、貿易は生産者との間で行われるので、矢印をひきました。

モデルの概略（設定4）
経済のしくみ

※下図の中には生産者が支払う税金である「間接税－補助金」が入っていますが、これはUnit 17のみで扱います。

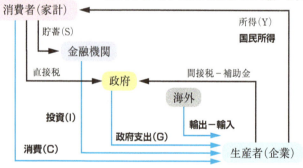

　以上から、経済の大きさを牽引する有効需要は、消費（C）、投資（I）、政府支出（G）、輸出（X）が各経済主体の相互間で算出されることがわかります。このモデルでは、国民所得を決定する有効需要の大きさは、消費、投資、政府支出、それに海外の需要分である「輸出－輸入」分を加算して求めることになり、国民所得（Y）＝消費＋投資＋政府支出＋輸出－輸入で表されます。

> **Key Point**
>
> 開放経済のマクロ経済における国民所得の決定式
>   国民所得（Y）＝消費＋投資＋政府支出＋輸出－輸入

> **確認問題**
>
> 次の1～5のうち、マクロ経済の財市場に関する記述として妥当なものはどれですか。
> 1. 政府活動を含めた閉鎖経済モデルにおいて、消費者の可処分所得は所得から税金と貯蓄を除いた分です。
> 2. 民間のみのマクロ経済において、貯蓄とは消費者が貯め込んだ金額のことで金融機関に預け入れた分とタンス預金など家にある分の合計になります。
> 3. 開放モデルにおいて、輸出は常に輸入に等しくなります。
> 4. 民間のみのマクロ経済において、貯蓄と投資が等しくなるとそれ以上の経済が大きくならないので財市場が均衡します。
> 5. 閉鎖経済のモデルにおいて、総需要は消費、投資、税金、政府支出の大きさの合計で求められます。
>
> （地方上級　改題）

【解説】
1. ×　政府活動を含めた閉鎖経済モデルにおいて、消費者は受け取った所得のうち、まず税金を支払い、残りが処分可能な所得（可処分所得）になります。そこから、消費された分（消費）と消費されなかった分（貯蓄）に分けられます。
2. ×　貯蓄は消費されなかった分のことをいいます。
3. ×　輸出は海外からの需要分で輸入は海外への引き算される需要分です。この両者が常に等しくなるということはありません。
4. ○　民間のみのマクロ経済では有効需要の原理にしたがって、経済の大きさは消費支出と投資支出の大きさで決定されます（政府支出と輸出は除外）。そのうち、どれくらい投資支出ができるのかというと、消費されなかった分である貯蓄の大きさだけ支出することが可能になるので、貯蓄と投資がイコールになるとそれ以上経済が大きくならず均衡（バランスが取れた状況）します。
5. ×　政府活動を含む閉鎖モデルでは、総需要は消費＋投資＋政府支出の大きさです。

したがって、**4が正解**です。

Unit 03 国民所得とは何か？どうやって計測されるの？

あらためて国民所得を定義します

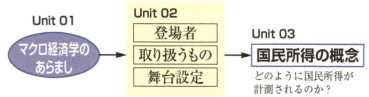

経済の安定成長を図るために、政府は有効需要をコントロールして、望ましい国民所得の大きさを実現させます。ここであらためて国民所得とは何かについて説明します。

国民所得は単に「所得」ということもできます。マクロ経済学は集計単位でみることになり、所得の集計単位が国民取得になるので、「所得」といういい方が一般的に使われています。所得というと、お給料というイメージがありますが、それはあくまで仕事をしている人からの見方で、そのお金はもともとモノを売って支払われたお金でもあるのです。そして、この大きさによって経済の問題もおきるのです。

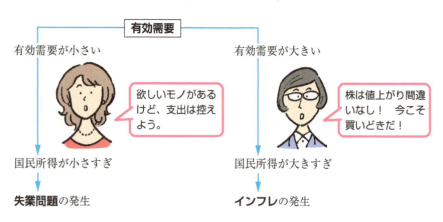

1 国民所得とは？

　ある国の景気、つまり、「どのような経済の状況になっているのか」は、所得の合計でみればよいわけですが、それは国民所得によって表されます。

　では、国民所得の大きさはお給料の合計なのか、それとも支出された金額の合計なのかというとどちらも正しいのですが、経済学では次のように定義されます。

　国民所得とは、一国において一定期間に生産によって生み出された**付加価値**の合計、または所得の合計になります。

　付加価値という少し難しい表現が出てきましたが、具体的にたとえば、プレーンのカステラでも、クリームをコーティングして、チョコやフルーツでデコレーションすればケーキになり、さらにかわいいパッケージやお持ち帰りしやすい包装、配達までしてくれるとなれば、もともとのプレーンのカステラがずいぶん高い価格で販売できると想定できるでしょう。ここで、プレーンのカステラに追加された価値、これが、付加価値の例なのです。

　これをもう少し、具体的に展開してみましょう。

考え方

　私たちが普段見ている商品というのは、いいかえれば「完成品」です。完成品は生産過程を経てつくられているものです。たとえば、パンという財は突然発生するものではなく、付加価値の形成によって生まれた産物です。

パンの製造過程

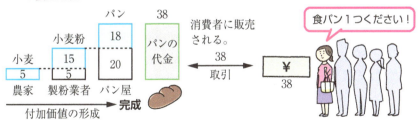

　パンが完成するまでの付加価値をみると、
農家→小麦の販売代金から苗や肥料を差し引いたもの＝5
製粉業者→農家への小麦代金を差し引いたもの＝15
パン屋→製粉業者への小麦粉の代金を差し引いたもの＝18

Unit 03　国民所得とは何か？　どうやって計測されるの？　37

これらの付加価値の合計が国民所得として算出されます。

2 三面等価の原則

　経済学の理論で使われている「国民所得」という言葉は日常ではあまり使われないと思います。統計上ではよく **GDP（国内総生産）** と表され、それならニュースなどで何度も聞いたことがあると思います。GDPとは、Gross Domestic Productの頭文字を取ったもので、「広義の国民所得」といわれ、本書の経済理論では「国民所得」として説明をしていきます。

　このGDP（国内総生産）は「生産」とはいうものの、生産は有効需要によって決まるので、総需要＝総生産と考えます。

　さらに、生産されたものが所得になるので、総生産＝総所得となり、結局は、総需要＝総生産＝総所得になり、この3つはすべてが等価になります。

　総需要＝総生産＝総所得の状況とは、簡単にいえば、ある人がつくったモノ（生産）を、ある人が買って（支出＝需要）、その使ったお金はある人の所得になる（所得＝分配）になるので、結局は、この3つが等しくなる、ということです。

　国民所得は、3つの視点からも推計でき、これを **三面等価の原則** といい、計算手法で使われます。上図に照らし合わせて計算をしてみましょう（計算の考え方については、Unit 17で再度説明します）。

パンの製造過程

　この図から3通りの計算をすることができます。

🟥 生産面

まず、生産面からアプローチした場合（総生産）を**生産国民所得**といい、生産段階で生まれる付加価値の大きさを足し算して求めます。

```
農家の生産    製粉業者の生産    パン屋の生産
  5      +     (20 － 5)    +    (38 － 20)    = 38
```

生産といっても付加価値の部分だけを足し算するので、前段階で生産された分は差し引くことになります。差し引かないと二重計算をしてしまうことになってしまいます。

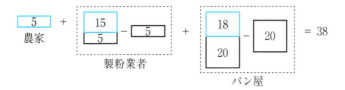

🟥 分配面

また、生産されたものは、販売され、そこから所得が生まれます。

仕入れ代金を差し引いた付加価値に対して所得が発生し、この所得の合計（総所得）を**分配国民所得**といいます。

```
農家の所得    製粉業者の所得    パン屋の所得
  5      +      15       +      18      = 38
```

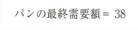

🟥 支出面

さらに、これが最終的にパンという商品になって販売されることから、消費者が最終的なこの財の購入先になります。つまり、その支払った合計（総需要）の合計からも国民所得の大きさにアプローチすることが可能になります。

これを**支出国民所得**といいます。

パンの最終需要額 = 38

支払ったお金の合計だね！

国民所得の大きさを三面から見ることができる！

生産面
経済の大きさの指標として、国内総生産（GDP）や国民総生産（GNP）が生産の大きさのモノサシとして従来より使われてきました。これらの数値は、需要が先に決まるので、あくまで生産のうち需要された分と読むことができます。

支出面
「どれだけ支出したのか？」マクロだと、「どれだけ需要があったのか？」といういい方のほうがなじみがあるでしょう。たとえば、「訪日外国人が増えて需要が増えた」「新政権が需要を喚起させようとしている」などです。有効需要の原理にしたがって、消費、投資、政府支出、輸出などの支出の大きさが経済をひっぱります。

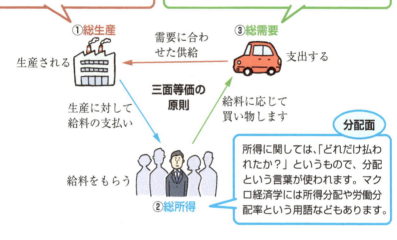

分配面
所得に関しては、「どれだけ払われたか？」というもので、分配という言葉が使われます。マクロ経済学には所得分配や労働分配率という用語などもあります。

> **Key Point**
> 三面等価の原則の考え方によると、一国の経済において、生産面、分配面、支出面のいずれの視点にたっても理論上の金額は一致することになります。

確認問題

　三面等価の原則が表すように、GDPは生産面、支出面、分配面の3つの面から把握することができます。次のア〜オのデータは経済活動を生産面、支出面、分配面のいずれからかとらえたものですが、支出面に関連したものと、分配面に関連したものはどれですか。

ア．雇用者の現金給与
イ．国内で生産された製品の量
ウ．企業の建物などの新築数
エ．1世帯当たりの消費支出
オ．輸出額

	支出面	分配面
1.	ア、エ	ウ、オ
2.	ア、エ、オ	ウ
3.	イ、オ	ア、エ
4.	ウ、エ、オ	ア
5.	エ、オ	ア、イ

（市役所　改題）

【解説】

アは、所得に関することなので分配面に関するものです。
イは、生産に関することなので生産面に関するものです。
ウは、企業が新築のために行う投資支出なので支出面に関するものです。
エは、消費者の消費支出に関するものなので支出面に関するものです。
オは、輸出は海外からの需要なので支出面に関するものです。
　以上より、**4が正解**です。

Unit 04 お金は天下のまわりもの
経済の波及効果を計算する

ニュースや新聞の記事などで、大きなイベントがあると「経済効果は数十兆円になる！」という報道を聞いたことがあると思います。

> **記事の例**
> 東京五輪の経済効果、全国で32兆円

> **記事の例**
> リニアモーターカー開業後の経済効果は少なくとも10兆円

その数字はどのように計算していくのか、そのヒントになることをここで考えていきます。

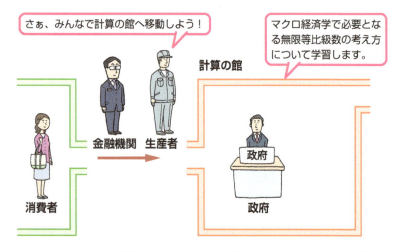

リニアモーターカーの開業によって大きな建設費用が支出されれば、周辺地域の産業や生活に大きな影響を与えることになります。お金というのは支払った段階で、それを受け取ったものの収入になります。さらにそれは、また誰かに支払われ、誰かの収入になっていくのです。

リニアモーターカーのような鉄道事業の公共投資は新駅が誕生し、新しい街ができるので、金額も大きく、投下されたお金はその建設にかかわった生産者に行き渡

るだけでなく、支払い行為によってそのお金が仕入れ業者、運送会社、飲食業者に行き渡り、労働者に支払った報酬によって家電や娯楽製品の売り上げも上がるでしょう。暮らしに影響を与えるような波及効果が期待できます。

　そこでこの波及効果を計算するツールを用意することになります。「波及」というように、効果が伝播して広がっていくようなイメージの計算になります。

1　無限等比級数の和

　消費者がコンビニで飲料水を購入するような支出とは異なり、投資支出や政府支出によって投下された資本は一時的な取引だけに注目するのではなく、そのお金が取引業者の間でめぐりめぐって、どれくらいの「波及効果」で経済全体に影響を与えるのか考えなければなりません。

　そこで、その効果を計算するときに使われるものが**無限等比級数**とよばれるもので、効果全体を足し算することになるので、**無限等比級数の和**として使うことになります。

　この波及効果というのは、波のように初動は大きいけれど、伝播していくにしたがって徐々に小さくなっていきます。また、お金はどんな取引にでも使え、取引は無限に行われることから、和（足し算）も無限に続く数で実施されます。そこでまず最初に、次のような計算を考えることから始めましょう。

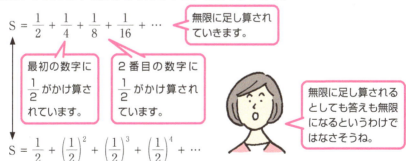

　上式のように、最初の数字（初項）$\frac{1}{2}$ に一定の数値（公比）$\frac{1}{2}$ をかけ算したものが次の項になり、また次の項はその値に同じ数値をかけ算したしたものになり、それを繰り返しどんどんかけ算していった数列をなしていることがわかります。

初項（第 1 項）	公比
$\dfrac{1}{2}$	$\dfrac{1}{2}$

> 計算をするためには、最初の数字と、それにどんどんとかけ算していく数字さえわかれば OK です。

そして、それらの項がすべて足し算されたものとして**無限等比級数の和**を計算します。無限に足し算されるので、一見すると計算できなさそうですが、じつは簡単な構造になっていることを次に説明します。

計算

手順 1

それでは、計算を行っていきます。計算する式を①として、その初項と公比を確認します。

$$S = \dfrac{1}{2} + \dfrac{1}{4} + \dfrac{1}{8} + \dfrac{1}{16} + \cdots \quad ①$$

初項（第 1 項）… $\dfrac{1}{2}$　　公比… $\dfrac{1}{2}$

↑ 最初の数字

手順 2

次に、①の式の両辺に公比をかけ算した、もう 1 つの式を別につくります。

$$S = \dfrac{1}{2} + \dfrac{1}{4} + \dfrac{1}{8} + \dfrac{1}{16} + \cdots \quad ①$$

両辺に公比 $\dfrac{1}{2}$ をかけ算します

$$\dfrac{1}{2}S = \dfrac{1}{4} + \dfrac{1}{8} + \dfrac{1}{16} + \dfrac{1}{32} + \cdots \quad ②$$

この式を②とします。

手順 3

最後に、①から②を引き算します。

> イコールになっている数字は、両辺から同じ数字を引き算しても、やはりイコールになります。

$$S = \frac{1}{2} + \frac{1}{4} + \frac{1}{8} + \frac{1}{16} + \cdots \quad ①$$

$$-)\ \frac{1}{2}S = \frac{1}{4} + \frac{1}{8} + \frac{1}{16} + \frac{1}{32} + \cdots \quad ②$$

$$S - \frac{1}{2}S = \frac{1}{2}$$

↓ 整理します。

$$\left(1 - \frac{1}{2}\right)S = \frac{1}{2}$$

$$\frac{1}{2}S = \frac{1}{2} \quad \text{両辺を2倍します}$$

$$S = 1$$

①から②を引き算するので、両式の $\frac{1}{4}$ 以降の数字はすべて消えますね。

　①から②を引き算すると、②の式の最後の数値が消されずに残ってしまいます。ただし、その数字はゼロ（限りなくゼロに近い、ほぼゼロ）なので、計算に含めることはありません。

手順4

$$S = \frac{1}{2} + \frac{1}{4} + \frac{1}{8} + \frac{1}{16} + \cdots \quad ① \quad \text{は、}$$

S＝1　となります。

　無限等比級数の和は、このようにとても単純な答えが得られるのです。
　とくにマクロ経済学では、数学のように複雑な計算を要求されるわけではなく、その考え方も必要ありません。知っておいてほしいのは、試験で出題されてもみた目が難しそうなだけで実際は簡単に解くことができるというこです。公式としてまとめてしまいます。

Key Point
無限等比級数の和の公式

$$\frac{\text{初項}}{1 - \text{公比}}$$

　公式に代入すると、解答が1であることが確認できます。

$$\frac{初項}{1-公比} = \frac{\frac{1}{2}}{1-\frac{1}{2}} = 1$$

なぜ無限等比級数の和がこのような単純な計算になるのか、考えてみましょう。

数字を図形にしていきます。まず、初項が $\frac{1}{2}$ でした。そして、第2項が $\frac{1}{4}$ です。同様に、公比が $\frac{1}{2}$ の数字をどんどん足し算していくと、ちょうど正方形が埋め尽くされている状態になることがわかります。

確かに数字は無限に足し算されています。しかし、結果を図から説明すると、分割は無限にできてもそのものの数字は変わらないという言葉があてはまります。たとえば、ピザを、半分に切り、またそれを半分に切る、この作業は無限に行うことが可能ですが、全部切って足し算しても、元のピザ以上の大きさにはなりません。

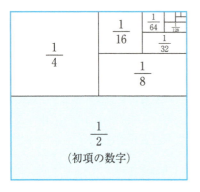

つまり、無限等比級数の和は初項と公比だけわかれば計算が可能なのです。

図で示されると、一瞬で「1」になることが解りますね。

無限に足し算されているのに、ボックスが埋まっていくだけだったのか!

練習問題

次の無限等比級数の和はいくらになりますか。

$$S = 2 + \frac{2}{3} + \frac{2}{9} + \frac{2}{27} + \cdots$$

1. 2   **2.** 3   **3.** 9   **4.** 27

【解説】

無限等比級数の和の計算は、初項と公比の数字がいくつなのかを考える必要があります。まず、初項は最初の数字をみればよいので、すぐに2だと判明します。

次に公比ですが、各項に $\frac{1}{3}$ ずつかけ算されています。
それぞれの数字を公式にあてはめます。

無限等比級数の和の公式

$$\frac{初項}{1-公比} = \frac{2}{1-\frac{1}{3}} = \frac{2}{\frac{2}{3}} = 2 \div \frac{2}{3} = 2 \times \frac{3}{2}$$

$$= \cancel{2} \times \frac{3}{\cancel{2}} = 3$$

したがって、**3 が正解**になります。

2 無限等比級数と波及効果

　この無限等比級数の和を使って、投資の効果がどのように波及するのかについてイメージしてみましょう。

　たとえば、政府が景気刺激対策としてあるイベントの支援を実施しました。そこでは、政府が 1 億円分の商品を購入することにしました。

　この 1 億円の経済効果はどれくらいになるでしょうか（ただし、このモデルの関係者は所得の $\frac{1}{2}$ を消費にまわすとします）。

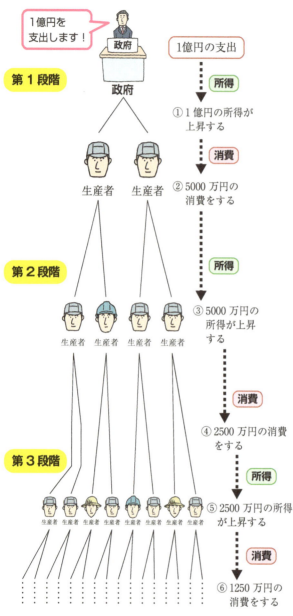

①まず、政府の支出は、そのまま所得になるので、所得が1億円上昇したと考えます。

第1段階
所得は1億円上昇

②マクロ経済学では、所得が上昇すると、消費が上昇するので、生産者の所得1億円の上昇は、消費をその $\frac{1}{2}$ である5000万円増加させることになります。

③次に、消費された5000万円は、取引先の所得になります。

第2段階
所得は5000万円上昇

④そして、5000万円の $\frac{1}{2}$ である2500万円が、また消費されていきます。

⑤さらに、消費された2500万円は、取引先の所得になります。

第3段階
所得は2500万円上昇

⑥続いて、2500万円の $\frac{1}{2}$ である1250万円が、また消費されていきます。

公共投資として支出があれば、そのお金を受け取った生産者の所得となり、さらに所得の増加が消費を促進し、その消費はまたほかの生産者の2次的な所得へとなっていきます。これが繰り返されるので所得の発生が無限等比級数の計算のような波及効果が発生して上昇することになります。マクロ経済学ではそれらをすべて足し算して所得（国民所得）の大きさを算定します。

所得の合計

$= 1億円 + 5000万円 + 2500万円 + 1250万円 + \cdots$

$= 1億円 + 1億円 \times \dfrac{1}{2} + 1億円 \times \left(\dfrac{1}{2}\right)^2 + 1億円 \times \left(\dfrac{1}{2}\right)^3 + \cdots$

（公比）

これを整理すると、

$= 1億円 \times \left\{1 + \dfrac{1}{2} + \left(\dfrac{1}{2}\right)^2 + \left(\dfrac{1}{2}\right)^3 + \left(\dfrac{1}{2}\right)^4 + \cdots\right\}$

> カッコのなかは無限等比級数の和の公式を使います。
>
> $\dfrac{初項}{1 - 公比} = \dfrac{1}{1 - \dfrac{1}{2}} = 2$

> 試験で出題されるものは、公式だけで計算できるようになっています。

$= 1億円 \times 2$

$= 2億円$

つまり、このイベントで政府支出された1億円の所得への波及効果（経済効果）は2億円になると計算できます。

　この例題では、国民が所得の $\dfrac{1}{2}$ を消費にまわすことを前提にしていますが、もっと多くの消費が期待されれば波及効果はさらに大きくなることでしょう。

> **Key Point**
>
> 　人々が**所得に対してどのくらいの割合で消費にまわすのか、その後、どれくらいの波及効果があるのか**が判明していれば、不況になった時に政府が景気刺激対策として公共投資のお金が最終的にどのくらいの効果があるのかが推測できます。

第2部 マクロ経済学の理論

　第2部では、第1部で身につけた知識をもとに、経済理論をマスターしていき、実際に試験で出題された経済学の問題に挑戦します。

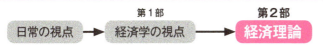

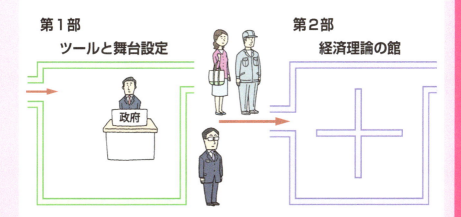

　これから、経済理論の館に入ります。
　このマクロ経済学の理論は財市場、貨幣市場、労働市場の3つの市場、そして最後に統計上の数値を使う国民経済計算を学習します。まず、最初は財市場、つまりモノやサービスの市場になります。財市場分析は、別名、45度線分析ともいわれます。（45度線分析とよばれる理由はUnit 09の1節参照）

Unit 05 財市場分析（45度線分析）①
基本的な用語のチェック

日常でもマクロ経済学の用語が結構使われています！

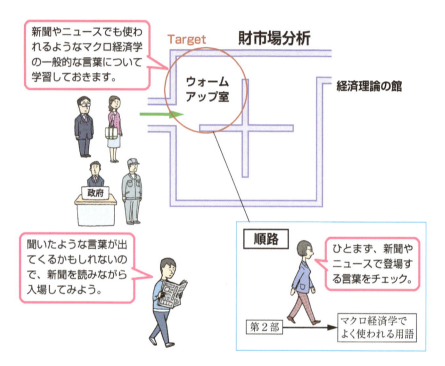

　これからマクロ経済学の理論を1つずつ攻略していきます。まず、最初に財市場分析になります。このUnitでは、財市場分析の学習のウォームアップとして、新聞やニュースでも出てくるような、マクロ経済学で使われる基礎的な概念について説明していきます。すでに聞いたことがあるという言葉もあると思いますが、ここで再確認していきましょう。

1 「限界」という見方

マクロ経済学やミクロ経済学では、「**限界〜**」という言葉が登場します。たとえば限界費用だとか、限界生産力というように、なにかの言葉の頭につきます。この限界〜というのは、あともう1つ多くつくったら、限界〜の後につく用語がどのように変化をするのかとう意味で使います。

たとえば限界費用といったら、**もう1個追加**してつくったら、費用はどうなるのか？　という意味になります。それだけ聞いたら、「なーんだ、だからなんなの？」と思うかもしれませんが、じつはすごく重要なことなのです。

たとえば、パンを生産する場合、最初の0個から1個目をつくるにはキッチンを用意したり調理師を雇ったり、とてもお金がかかります。しかし、100個から101個目のように量が多くなると、従業員も専門化してくるだろうし、大型機械を導入したり、材料費も、多く仕入れれば1個追加するためのコストは安くなるはずです。そして、もっと多くつくれば、ほとんど1個追加する費用は安価な材料費くらいしかかからないほど低くなっていることでしょう。

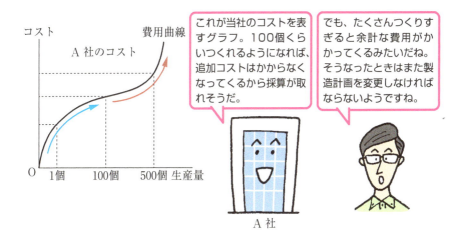

経済学でいう「限界」の意味は、直訳の「limit（リミット）」ではなく、「marginal（マージナル）」になります。これは、「差、増加分、境い目」といった意味です。

つまり、どのように変化するのかを可視化できる「限界」という概念を使って、

現在の資源をもとに生産すれば、費用や生産性、収益や利益がそのときどきでどれくらいかかってくるのか、という状態を観察できます。そして、次に何をどうすればよいのかを推測することができるのです。

たとえば、その国が今のベストな状態をもとに5年後までの生産量をいくらにするのかを計画したとしましょう。何も大きな経済変化がなければその計画はうまくいくはずですが、環境が変われば、とたんに当初の計画は非効率な事態に陥ってしまう可能性があります。

そこで経済学では、ベストな状態とそれに代わる次善の策を常に想定していて、経済状態や生産環境が変わることを念頭にいれて、計画はいつでも変更可能にする必要性が許容されているのです。そして、そのような環境の変化に対応できるツールとして「限界」という概念があって、通常は**グラフを作成して**、過去、現在、将来がどのようなトレンドを示すのかを考慮することになります。

2 フローとストック

マクロ経済学のなかでよく使われる考え方として、**フロー（FLOW）** と**ストック（STOCK）** という概念があります。直訳的にイメージすると、フロー（FLOW）は流れ（流入したり、流出したりすること）で、ストック（STOCK）というと蓄え（貯蔵とか在庫のようなイメージ）になります。

いいかえれば、フローの概念というのは、ある期間（たとえば1年間）のなかでどれくらい増えて、どれくらい減ったのかをみることになるだろうし、ストック概念だと、ある時点（たとえば、12月31日）でどれくらい残っているのかをみることになります。

自分の持っている財産を計算しようと思ったとき、毎月入ってくる給与と今の時点での預貯金との2種類で考えると思います。これは個人でも国家全体でも同じことです。

経済の規模は、有効需要（消費支出、投資支出、政府支出など）の大きさによって変化していきますが、これを把握するときに2つの概念が用いられます。下図のような水槽に注水したようなイメージで捉えることが可能です。

ストックの概念 ▶ 国富

これは、過去にさかのぼって、前期までにどのくらいの富が蓄積（ストック）されているのかを資産価値として表したものです。これは水槽に貯められた水をイメージします。経済学ではとくに学習として取りあげません。国富に該当するのは、建物、備品、機械や土地、地下資源の評価額、純対外資産などがあります。ただし、現金預金や株式などの金融資産は含まれません。

なぜ、金融資産が国富に含まれないかというと、金融資産の場合、たとえば、預金している人にとっては資産ですが銀行にとっては、あとで返済しなければならない負債です。社債も、持っている人にとっては財産ですが発行した会社にとっては負債です。負債というのは借金みたいなものなので、国富のような純粋な財産を計算しようとすると、財産の総額からこの負債を差し引くことになります。つまり、金融資産は資産と負債が相殺されてしまうので、最初から計算に入れないということです。

フローの概念 ▶ 国民所得

1年間の所得の流れ（フロー：流入と流出）を示したもので、国富の追加分になります。今年度の所得は、消費や投資として支出されていきます。そのなかで消費は蓄積されないで水槽の外に出ますが、投資（民間・公共）はその国の資本を形成するので、国富になり水槽に加算されていきます。マクロ経済学の大きなテーマになります。

3 名目と実質

マクロ経済学のなかでは、あるものをとりあげるとき、たとえば「所得」といった場合に「名目所得」と「実質所得」があるように、**名目**や**実質**というような2通りで考えることがあります。名目といえば「みかけ上、額面上」といった意味になるし、実質といえば「本当は、実際の価値」といった印象になるはずです。とくに経済学の知識がなくても名目所得といえば額面上の金額で、実質所得といえば額面ではなくその所得の価値、つまりどれくらいのモノを購入できるのかというイメージになるでしょう。おおよそ、それで正解です。

具体的に考えてみましょう。たとえば有名なH選手が現役のプロ野球選手だったころ（1959年）の契約金、つまり所得が1,500万円だったとします。それから数十年へだてて監督になった2018年の所得も1,500万円だったとします。どちらも同じ1,500万円なのですが、少し1,500万円の価値が違うのではないかと疑問に感じるはずです。これを説明するために必要なツールがこの「名目」と「実質」になります。

どちらも額面上は1,500万円なので、この金額が名目所得ということになります。名目所得は変わっていません。しかし、1959年から2018年の間にはずいぶんとモノの値段が変わっています。1959年のハガキ1枚の値段は5円で、大卒の初任給は11,000円程度でした。2018年のハガキ1枚の値段は62円で、大卒の初任給は21万円弱になっています。

つまり、この59年の間にハガキの値段が12.4倍になっているので、単純にモノの値段（物価）をモノサシにすると、1959年の所得の12.4倍の所得をもらわないと2018年には同じモノを購入できないということになります。

仮に、2018年に11,000円(1959年の大卒初任給)×物価上昇率(12.4倍)＝136,400円をもらったとしても、結局は買える量は変わりません。つまり、異なった年代の11,000円も136,400円もモノで測った実質的な価値は同じであり、こうしたモノをベースにみることを「実質」というツールとして使います。(計算上は名目所得を物価上昇率で割り算して実質所得を算出します。)

この期間にどれくらい国民の生活が変わったのかを調べるためには、こうした物価変動の影響を取り除く必要があります。「物価が12.4倍になって、給料も12.4倍になった！」といえば実際には何も変わっていないことになるし、「物価が12.4倍になって、給料が24.8倍になった！」といえば給料が2倍に上がっていると考えることができるでしょう。

4　インフレとデフレ

マクロ経済学では、経済の問題としてインフレとデフレが頻繁にとりあげられます。まず、インフレについて説明します。

インフレ（インフレーション）

インフレ（インフレーション） は、モノの値段が持続的に上昇する現象で、モノの値段が上がるというのは、逆にいえば、お金の価値が下がっていくということです。

オークションなどをみていればわかるように、人々の「あるモノをほしい」という需要が高まればそのモノの値段はどんどん上がっていきます。しかし、マクロ経

済学の場合はある特定のモノの値段が上がることを問題にするのではなく、ほとんどのモノの値段がいっせいに上がっていく現象が問題なので、一時的に特定のモノの人気が出たこととは大きく異なります（つまり、特定の商品ではなく、経済全体の一般的な物価が上昇することを観察しています）。

どうしてインフレが起きるのか、その原因としては、ディマンド・プル・インフレとコスト・プッシュ・インフレの場合では考え方が異なります。

ディマンド・プル・インフレというのは需要が大きくなって物価が上昇することであり、その要因は景気が上昇したり、お金の量が増えることにあります。

まず、景気が上昇すると、人々が「今後もモノが売れて自分の給料も上がるだろう」と考えるでしょう。そうすると、さらにモノが売れるのでそのモノを売っている会社の従業員の給料は上がっていくでしょう。給料が上がっていくので、さらにモノを買いたいという需要が高まり、物価も上昇するようにイメージできます。

需要が高まっている状態では、預金も引き出してモノを買う状態ですから、世の中に出まわるお金も多くなっています。お金が増えることとインフレがリンクしているのです。

さらに、お金の量が増えるということは次のように説明されます。お金の量（貨幣供給量、またはマネーサプライやマネーストックといいます。詳しくはUnit 12で説明します）をコントロールしているのは現在は日本銀行ですが、話を単純化させるために江戸時代の江戸幕府による小判の発行について考えてみます。

たとえば、江戸幕府が財政難から脱出するために、金の含有量を半分にした小判を発行したとしましょう。金の含有量が半分ですから、これまでより2倍の量を発行できます。これでお金の量は2倍になり、江戸の社会に2倍のお金が出まわることになります。

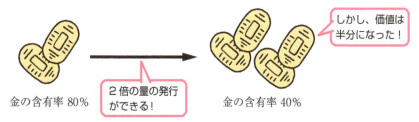

しかし、これで本当に江戸幕府は今までの2倍の量のモノが買えるでしょうか？結局、金の含有量が半分になったということは価値も半分になったということなので、同じモノを買うにもこれまでの2倍の小判が必要になるのです。

結局、お金の量を2倍に増やしても、同じモノを買うには2倍のお金が必要になる、つまり物価も2倍になっているということです。
　ここでは江戸時代の話にたとえましたが、現在の紙幣は紙でできているので、小判よりも簡単に増刷できてしまいます。つまり、無計画に大量の増刷をすると大変なハイパーインフレを引き起こしかねません。
　お金の量と物価は連動しあっているので、お金を供給する側は状況を適切に判断する必要があります。

ハイパーインフレで代表的なものは、第1次世界大戦後のドイツです。政府が紙幣を大量に発行したため、普段食べているような食材が数兆マルクで取引される事態になりました。さらに、100兆マルク紙幣まで発行されました。

　物価が2倍になっても、お金の量も2倍（お金の価値は2分の1）になっていればとくに大きな問題になるとも思えない印象がありますが、そういうわけにもいきません。
　インフレによって何が起きるかについて、少し極端な話をしましょう。今、給料が10万円の人が貯金100万円、借金100万円があった場合、急激なインフレが起きて物価が10倍、給料も10倍の100万円になったとしましょう。すると、頑張って貯めた100万円は1か月分の給料と同じになってしまい、借金も労せずに1か月分の給料で返済できてしまうくらい縮小されてしまいます。さらに、インフレが続くようであれば、誰もお金の価値を信用しなくなって、取引が円滑に進まなくなって市場経済が混乱してしまうことになるでしょう。

インフレは借金がある人にはお得感があるけど、買い物をする消費者は困るわね。

貨幣価値が変動しやすい国で働くと、給料をもらったらすぐに貴金属に交換してしまうという人もいるみたいだよ。

　もう1つが、**コスト・プッシュ・インフレ**です。コスト、つまりモノを製造する費用となる原材料や賃金の上昇によって物価上昇に影響を与えるものになります。これも、特定のモノではなく経済の物価全体に影響を与えることであり、多くの企業にとってコストの根幹になっている石油価格の上昇などがその要因にあげられます。1973年、1979年に発生した石油ショックでは、多くの製造業が石油を輸入に頼らなければならない環境でコスト・プッシュ・インフレが懸念され、急激なインフ

レが社会問題になりました。

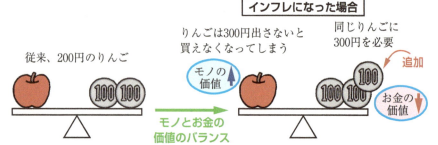

デフレ（デフレーション）

次にデフレについて考えてみましょう。

デフレ（**デフレーション**）は、インフレの逆で、貨幣価値の上昇になり、物価がだんだん下落していく状況になります。これはお金の量よりも、モノの量が多くダブついている状況なので、貨幣価値の上昇につながっています。ある特定のモノが特売などで値段を下げているのではなく、経済全体でモノの値段が停滞しているような状況です。

たとえ不況（低成長）とはいえ、経済は成長しているのでそれにあわせて物価も給料も上がっていかなければなりません。しかし、物価が停滞しているような状態というのは、経済全体でモノが売れていない状況であり、モノが売れていなければ、売り上げも利益も減少しているので、従業員に給料が払えず、賃金や人員が削減されるという（このような状況を**デフレ・スパイラル**といいます）悪循環を引きおこしてしまいます（経済が成長していれば物価も上がるものですが、デフレ時には物価が停滞しているので、実際には「物価が下がっている」という表現もされます）。

デフレと失業は表裏一体の関係を示しているのです。

物価が下がっていくような状況では、今、欲しいモノを購入するよりも、しばらくして値段が下がってから購入しようとする人が多くなり、人々はモノを買わなくなることから、不況を打開するのは非常に困難になります。

従来、200円のりんご

同じりんごが、100円になってしまう

デフレになった場合

モノの価値 ↓

モノとお金の価値のバランス

同じりんごは100円でOK

お金の価値 ↑

貨幣の価値が上昇することを**デフレ**とよびます。貨幣の量よりも、モノの量が多く、貨幣価値の上昇につながっています。

5 90年代後半からの貿易の変化

　現在、私たちの生活の中にずいぶんと輸入品が多くありますが、これほどたくさんのアジア諸国からの輸入品が身近にあって、抵抗なく使えるようになったのはそれほど古い話ではありません。ところで、どのような経緯で韓国や東南アジア諸国が輸出産業に力点を置くようになったのでしょう。1990年代後半にアジア各国で通貨危機がおこりました。アジア諸国は、その後、**純輸出**（輸出から輸入を差し引いたもので有効需要となる分）が拡大したことによって、この危機的な状況から脱出することができました。当時、輸出先のアメリカ経済が好調であったということもあって、その需要に即応して通貨危機に遭遇した国々では為替レートが低下していたために輸出競争力を回復することができたのです。つまり、通貨危機を機会にそれらの地域の産業構造はインフラの整備や資本の充実よりも、輸出産業育成に重点を置くという経済・社会構造の変化が起きました。

各国のGDPに占める純輸出の割合における変化

	90年〜97年	99年〜01年
韓国	▲1.1	15.6
インドネシア	▲0.2	4.2
マレーシア	▲4.7	13.2
タイ	▲3.7	15.9

数字は％

（出所）Asian Development Bank, Key Indicators for Asia and the Pacific 2002 を参考に作表

一方、日本の輸出構造も90年代から変化することになります。従来、日本では日本国内で製品を製造して海外へ輸出するというスタイルでしたが、この頃から、完成した製品ではなく中間財や資本財の輸出シェアを拡大しました。
　中間財の輸出というのは、液晶テレビのような製品（製品は製造工程の最後なので**最終財**といいます）ではなく、製造の加工途中で使用されるような財のことをいいます。たとえば、液晶テレビの中間財として液晶パネルがあります。最終財の液晶テレビとは異なり、中間財である液晶パネルはどこのメーカーにでも使える汎用性が高いものになります。
　また、**資本財**というのはこれも液晶テレビのような最終財ではなく、その液晶そのものを製造するための設備や機械装置、建設機器をイメージしてみましょう。工程間の国際分業（たとえば、アメリカで半導体を開発して、日本では資本財としての半導体製造装置をつくり、韓国や台湾で部品をつくり、それらを中国へ輸出して、中国で組み立てるというように、製造の各工程を別の国で行うという貿易スタイル）が進んだ背景をうかがうこともできます。
　日本は資本財に重点を置くことによって、円高にともなう輸出品価格上昇による客離れ回避に成功しました。なぜなら、企業が購入する資本財は、一般的な製品とは異なり、価格よりも品質が重視されます。最初に日本製を採用すると、購入先を変更が簡単にはできなくなります。
　円高（次節でとりあげます）によって日本製品が価格面で不利になり、一般的な製品は国際市場においては安いものに流れる可能性がありますが、資本財の場合はそれを回避することができます。これは、資本財購入側は、たとえ価格が高くなっても、日本製品の代替製品がなければ安いものに流れることがないからです。

6　円高と円安

　2010年以降、急激な円高にみまわれた日本では、製造業の半数近くが工場や開発拠点を海外に移転、海外での生産比率を拡大することを検討しているという調査結果が出ています。もし、製造業の多くが海外へ移転すれば、国内の産業が空洞化し、雇用に大きなダメージを与えることになるでしょう。
　円高や円安というのは**為替レート**（為替相場）のことで、外国のお金との**交換比率**であり、とくに、1ドルが何円なのかという情報は私たちの生活に大きな影響を及ぼします。まず、円高や円安の状況がどのような意味を示すのか、身近な例で考

えてみましょう。

海外旅行のケース

　海外旅行に行く際に、両替の必要が出てくるでしょう。このとき、円高と円安のどちらなら旅行者にとって有利なのか考えてみましょう。

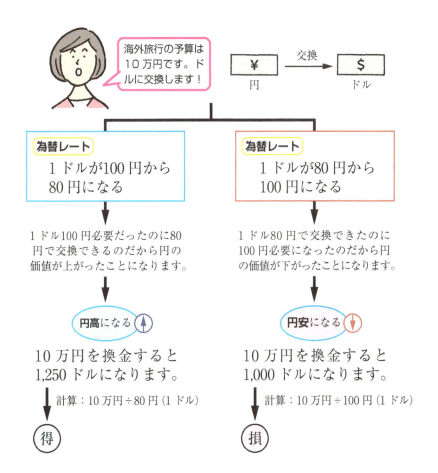

　海外旅行を予定している人にとって、望ましいのは円高になることです。10万円が円高によって1,000ドルから1,250ドルになるのでしたら、たくさん買い物ができて、うれしいでしょう。
　いっぽう、貿易をおこなっている会社はどのように影響を受けるでしょうか。輸入を中心とした会社と、輸出を中心とした会社を比較してみます。

輸入が主力の会社

石油はドル単位で売られています。石油会社 E 社はドルを使って、産油国から石油を輸入し、国内で販売しています。

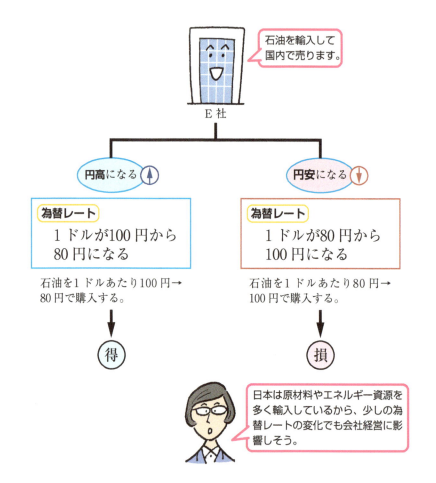

輸出が主力の会社

ゲームメーカーの N 社は海外にゲームを売っています。たとえば、ゲーム機が 100 ドルの場合、回収額は日本円でいくらになるか考えてみましょう。

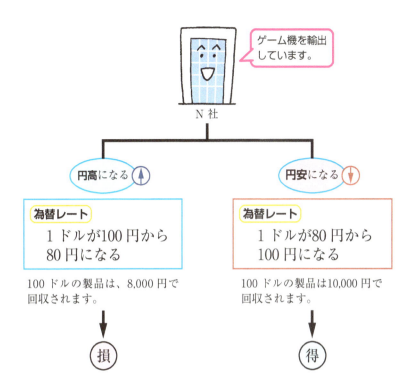

　以上より、円高になると、海外旅行予定の人や石油会社Ｅ社は得をしていますが、輸出を主力としたゲーム会社Ｎ社は損をしていることに気がつきます。

　じつは、日本の経済は輸出のウェイトが高く、それは景気に大きく影響を及ぼすほど重要なものです（もちろん、日本以外の国でも為替レートによって大きく影響を受けることになります）。そのため、円高は海外旅行者など個人にとってはありがたいけれど、日本国全体の経済で見ると大きくマイナスだと考えます。したがって、極端な円高にならないように政策が必要になります。

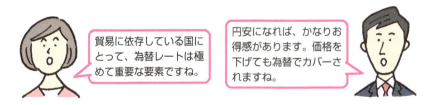

7 どうして円高になるのか？

　円高になったり、円安になったりと変動する為替レートは実際にはさまざまな要因で動きますが、ここでは、需給バランスが作用して均衡する理論的な説明をしていきます。

「モノ」との比較

　これまでの学習の復習になりますが、モノの価格はそれが「ほしい！」という需要が大きければ上昇し、需要が少なければ下落するはずです。このモノの需要と価格の関係のように、円高や円安になる理由を考えてみます。

財（モノ）の市場における需給バランスと価格メカニズム

需給バランスと円高、円安

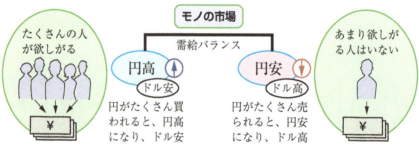

　同様に、円が「ほしい！」という需要が大きければ円が値上がり円高（ドル安）になり、円がたくさん売られ「ほしい！」いう需要が少ない場合（つまり円に対してドルの需要のほうが大きい）には円安（ドル高）になります。

Unit 06 投資と貯蓄がイコールになるって何なの？
財市場分析（45度線分析）②
どのように国民所得が決まるのか？

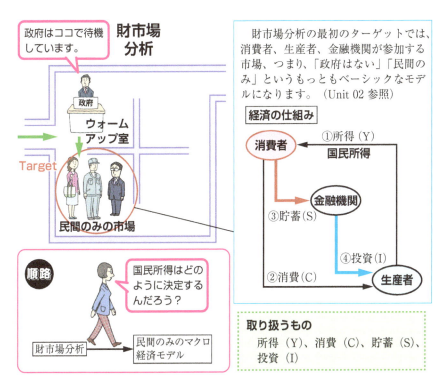

このUnitでは有効需要を個別に分解して、それぞれどのような性質を持っているのかみていき、有効需要の1つ、投資の拡大によって国民所得がどのように決まるのか説明していきます。ただし、民間のみのマクロ経済モデルを想定し、政府はないことを前提に話をすすめます。

経済の大きさを示す国民所得（Y）は、有効需要の原理にしたがってトータルの需要（支出）、つまり総需要（Y^D）によって表されます。

国民所得の大きさ　ここでは民間のみのケースを想定します。

総需要（Y^D）＝消費（C）＋投資（I）

政府が存在しない世界だなんて！

有効需要の需要の大きさで国民所得が決まります。

消費（**C**：Consumption）
投資（**I**：Investment）

英語の頭文字を使い、記号で表します。

国民所得(Y)＝消費(C)＋投資(I)

　この式に、消費と投資のそれぞれの数値を代入すれば、国民所得の大きさをみることができます。また、別のいい方をすれば、国民所得を大きくするためには、消費（C）または投資（I）を大きくする必要があります。

1 消費関数（C）

　ここから、総需要（Y^D）の中身についてひとつひとつ分析していくことにしましょう。まず、消費について考えていきます。
　消費者がどれくらい消費するのかは、その人の所得がどれくらいあるのかに影響されるはずです。所得が多ければ多いほど消費も大きくなります。所得が少なければ少ないほど消費も小さくなりますが、所得ゼロだとしても消費はゼロにはならないはずです。このような性質をもとに消費関数というものをつくっていきます。

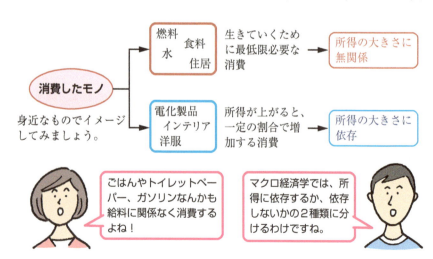

所得の大きさに無関係

生きていくために最低限必要な消費
→ 一定の金額になり、基礎消費とよばれます。 → **基礎消費** C_0
基礎消費は大文字のC（シー）の下にゼロを記して表されます。

基礎消費って生活するうえで外せない消費のことね。

所得の大きさに依存

→ 所得（Y）によって、消費（C）がどれくらい増えるのか？ その所得の上昇に対する消費の割合を限界消費性向によって表します。 → **限界消費性向** c
限界消費性向は c（小文字のシー）で表されます。

基礎消費って、たとえ不況のときでもその分の消費は落ち込んだりしないんだろうね。

給料が上がったら、これまで以上にモノを買うことができるでしょう。つまり、限界消費性向は0以上の数字（$0<c$）になります。たとえば、1,000円所得がアップしてそのうち800円を消費に使う場合は、8割（80％）＝0.8が**限界消費性向**になります。ただし、1,000円所得が上昇したからといって1,000円以上の消費をすることはできないので、限界消費性向は10割（100％）＝1を超えない数字になります。つまり、1以下になるので、**$0<c<1$** というのがこの限界消費性向の範囲ということになります。

でも、自分の給料以上の消費をする人っているよね！ その人の限界消費性向は1以上なのかな？？

それは、ちょっと特殊なケースなんじゃない？？

限界消費性向 c （$0<c<1$） → 所得（Y）に限界消費性向をかけ算します。 **$c×Y=cY$**
cY は $c×Y$ の「×」の記号を省略したものです。 → たとえば、$c=0.8$ で、所得が1,000円であれば、$cY=0.8×1,000$円＝800円が消費になります。

Unit 06　財市場分析（45度線分析）②　どのように国民所得が決まるのか？　69

2つを合成して消費関数をつくります。

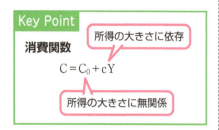

表示について
$$C(Y) = C_0 + cY$$
上式のように「C＝〜」は「C(Y)＝〜」と書くこともできます。これは、CはYに依存して決まる（CはYの関数）ということです。

たとえば、基礎消費50、限界消費性向0.8であれば、
$$C = 50 + 0.8Y$$
と表されます。所得が1,000円ならば、50＋0.8×1,000円＝850円が消費の金額になります。以後、Y（所得）が上昇すればC（消費）も増加していきます。

2 貯蓄関数（S）

　消費や投資といった国民所得を決定するような有効需要ではないものの、消費とセットで覚えなければならないものが貯蓄です。

　貯蓄というとどのようなイメージがあるでしょうか？　普段の生活のなかにある「預金する」「貯金する」というものと経済学の貯蓄（Savingの頭文字をとって、Sという記号を使います。）とは意味が異なります。

　経済学で扱う貯蓄とは、使える所得のうち「**消費しない分**」、「消費に使わなかった分」「生産されたもののうち、消費されなかった分」をいいます。そう説明すると、確かに日常の預金も貯金も消費にまわさなかった分なので同じようにみえます。しかし、大きく違うのは経済学の貯蓄には利子は付かないことです。銀行の金利（利子率）とはまったく無縁のものです。

　なぜなのかというと、今、学習しているのは財市場であって、ここはモノの市場です。簡単にいえば、「モノを買ったか、買わなかったか」ということを学習する領域であり、「買わなかった」ということを貯蓄として位置づけているのです（もちろん、利子が付く預金についてもマクロ経済学では扱いますが、それは金融資産の購入ということになり、財市場では扱いません。貨幣市場 Unit 11 では、債券として金融資産が登場します）。

次に、貯蓄関数を導出していきます。所得（Y）から消費（C）を差し引いて計算します。

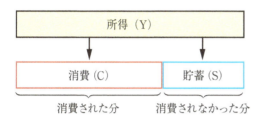

貯蓄関数（S）の導出

$$S = Y - C = Y - (C_0 + cY) = Y - C_0 - cY = -C_0 + Y - cY$$

　所得から消費を　　　消費関数を　　　カッコを外　　　Yでくくり
　引き算します　　　　代入します　　　します　　　　　ます

$$= -C_0 + (1-c)Y$$

この式の中の$(1-c)$ですが、1から限界消費性向を引き算した数字が所得に対して貯蓄が増える割合を示すことになります。たとえば、限界消費性向が0.8の場合、所得が1,000円上昇すれば$0.8 \times 1,000$円＝800円が消費にまわります。その時、貯蓄関数のYの前に付いている$1-c=1-0.8=0.2$となり、0.2に所得をかけ算した$0.2 \times 1,000$円＝200円が貯蓄にまわる数字になります。

この$1-c$は**限界貯蓄性向**とよばれ、sという記号（小文字のエス）で表されます。また、c(限界消費性向)＋s(限界貯蓄性向)＝1の関係にもなります。

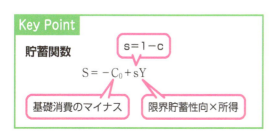

Unit 06　財市場分析（45度線分析）②　どのように国民所得が決まるのか？

ここで、貯蓄関数に付いている$-C_0$（基礎消費のマイナス）というものについて考えてみましょう。この関数の意味は、所得（Y）がいくらでも$-C_0$だけの貯蓄を行うことになります。

　少し変わった表現ですが、マイナスの貯蓄というのは、貯蓄を増やすのではなく、貯蓄を取り崩すという意味になります。

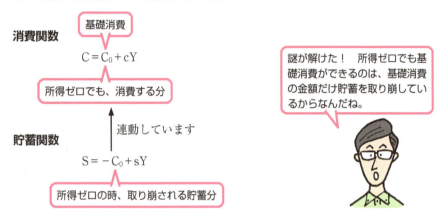

3 投資関数（I）

　次に投資について考えましょう。消費（C）というのは今現在のための購入で食べたり使ったりして消えていくものです。それに対して、投資（I）は、同じお金を使うにしても将来のための購入（新しいモノを生みだすための購入）になります（経済学では、消費は消費財を購入、投資は投資財の購入といういい方をする場合もあります）。

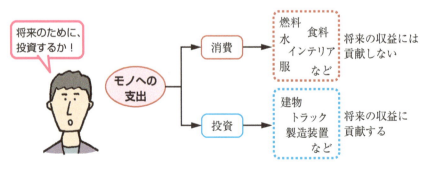

　投資は、将来にもたらす収益のための購入で、生産者によって行われますが、身

近なものではないので、自分でカフェを経営する生産者になったことをイメージしてみましょう。そうすると、2つのお金を使う投資パターンが思い浮かぶでしょう。

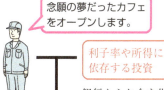

銀行からお金を借りてお店を建てる場合、そのお店が営業できるようになって収益から利息を払っていくことになります。そのため、銀行の利子率が下がるほど投資機会は増えるはずです。逆に、利子率が上がれば、投資を控えることになるでしょう。

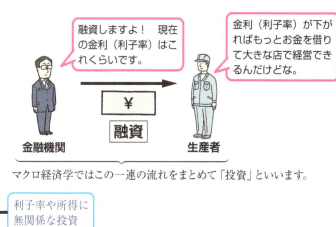

マクロ経済学ではこの一連の流れをまとめて「投資」といいます。

利子率や所得に依存するものではなく、一定額行われる投資を**独立投資**といいます。お店を開店するにあたって、商品の研究や古くて使えなくなった備品を新しくする投資は利子率に関係なく生産者の意思で決定されるでしょう。

このUnitの財市場分析では利子率は取り扱わないので、投資といえば、この独立投資を使うことになります。

Key Point

投資関数（独立投資）

$I = I_0$

独立投資は、何にも依存せず決定するので、Iの記号の下に0（ゼロ）を付けてと $I = I_0$ 表示したり、Iの記号の上に－（バーと読みます）を付けて、$I = \bar{I}$ として表現

することもできます。また、試験では式を用意せずに、「投資は一定とする」といった文章のみで指示することも多いです。

投資が利子率に依存する場合について

投資が利子率に依存する場合、生産者はどのように投資実行の意思決定を行うのかを簡単に説明します（Unit 14で扱います）。

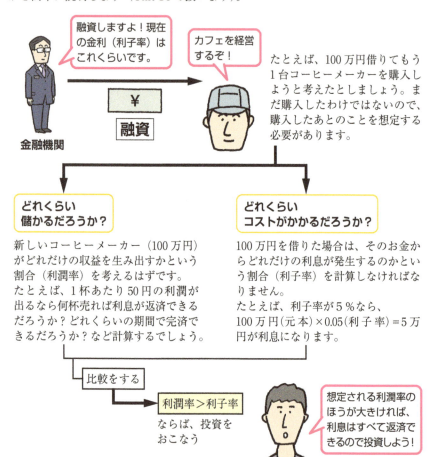

4 総需要（Y^D）と総供給（Y^S）

消費者、生産者、金融機関だけが参加している民間のみの経済の場合について、どれくらいの生産が行われるかを示す総供給（Y^S）と、どれくらいの支出が行われているのかを示す総需要（Y^D）について、まとめていきます

総供給（Y^S）について

> **Key Point**
>
> **つくったもの**
>   総供給(Y^S) ＝ 消費(C) ＋ 貯蓄(S)

総供給（Y^S）は生産の大きさを表すものですが、消費と貯蓄を足した大きさになります。どうして貯蓄が出てくるのか？ と疑問に思うはずです。あらためて、マクロ経済学の貯蓄の意味を確認しましょう。貯蓄は所得のうち**消費されなかった分**です。つまり、消費は「消費された分」で貯蓄は「消費されなかった分」です。これらを足し合わせると総供給という生産された大きさになるのです。

つくったもの
総生産額（総供給Y^S）
| 消費 | 貯蓄 |
消費された分　消費されなかった分

買ったもの
総支出額（総需要Y^D）
| 消費 | 投資 |
消費に使った分　投資に使った分

総需要（Y^D）について

また、総需要（Y^D）とは、支出した大きさなので消費と投資の２つを足し合わせることになります。

> **Key Point**
>
> **買ったもの**
>   総需要(Y^D) ＝ 消費(C) ＋ 投資(I)

Unit 06 財市場分析（45度線分析）② どのように国民所得が決まるのか？

次に、総供給（Y^S）、総需要（Y^D）と国民所得（Y）の関係を考えます。結果からいえば、総生産を示す総供給（Y^S）＝国民所得（Y）が成立することになります。

しかし、それは結果としてみたものであって、有効需要の原理より需要サイドに国民所得決定の主導権を握られているので、総供給（Y^S）は、単に需要水準まで供給を合わせるだけのものであって、需要の水準まで生産を行った総供給（Y^S）が国民所得（Y）と等しくなるになるにすぎません。

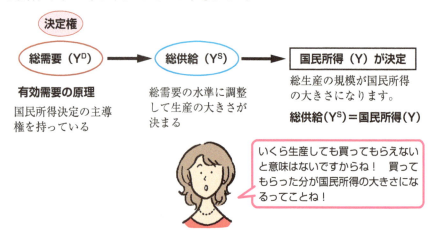

ニュースなどでGDP（国内総生産）の数字が発表されるのを聞いたことがあると思います。GDP（国内総生産）というのは、Unit 03で説明しましたが（Unit 17でも再度、学習します）、これは広義の国民所得になります。

ここで、発表されるその数値はその水準で国民所得が均衡（需要と供給が一致）しているとは限りません。つまり、発表された段階では調整段階であり、まだ経済を引き上げる余力がある状態なので、最終的にはどれくらい数値で均衡するのかを経済学では捉えなければならないのです。以下のように式を使って説明します。

まず、国民所得均衡の条件は有効需要の原理にしたがって、

国民所得（Y）＝総需要（Y^D）

になっていますが、需給 $Y^S = Y^D$ が均衡している状態を式で表していきます。

$$\begin{cases} 総供給（Y^S）＝消費（C）＋貯蓄（S） \\ 総需要（Y^D）＝消費（C）＋投資（I） \end{cases} より、$$

総供給（Y^S）＝総需要（Y^D）

消費（C）＋貯蓄（S）＝消費（C）＋投資（I）となるので、両辺の消費（C）を消去すると、貯蓄（S）＝投資（I）になります。

> **Key Point**
>
> 均衡国民所得（$Y^S = Y^D$）では、
> **貯蓄(S)＝投資(I)**
> が成立しています。

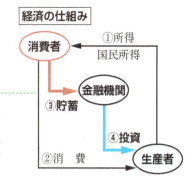

上式では、貯蓄と投資が等しくなっていますが、少しピンと来ないかもしれません。少し説明を加えると、まず、消費された分はすでに国民所得に加算されていますが、貯蓄部分はいまだ国民所得に加算されておらず、金融機関などに停滞したままになっています。

これは、別ないい方をすれば、この経済には貯蓄部分だけのモノを買う資金が残っているので、その分の経済をひき上げる余力が潜在しているということです。

つまり、貯蓄に等しいだけの投資が行われたら、それ以上の経済が大きくならないので均衡国民所得（国民所得が均衡、需要と供給のバランスが取れている状況）が成立するわけです。

経済は、投資(I)＝貯蓄(S)が釣りあっているときに国民所得が決まるのですが、投資はお金を払ってモノを買う有効需要の1つなので国民所得を増加させる注入要因になるでしょう。

逆に、貯蓄はその分の消費をしなかった、つまり、お金を使わなかった分なので、貯蓄が増えると国民所得が下がってしまうという漏出要因になります。投資＞貯蓄なら国民所得はプラスに、投資＜貯蓄なら国民所得はマイナスにインパクトを与えるでしょう。そして、投資＝貯蓄になった時にそれ以上は変化することはなく、国民所得が決まります。

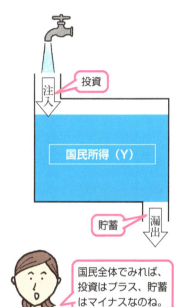

5 投資乗数

投資が拡大すれば、国民所得を増加させることができますが、それがどのように影響を与えて、国民所得が決定されるのかをみていく必要があります。ここでは、これまで登場した式を使っていきます。

まず、国民所得 Y の式に消費関数をあてはめて、式を整理してみます。

> **国民所得** $Y = C + I$
> **消費** $C = C_0 + cY$
> **投資** 投資は一定とします。

国民所得 Y に消費 C を代入して、式を整理します。

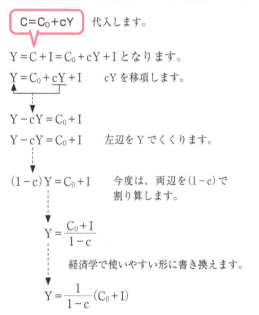

この式を見ると、基礎消費 C_0 の金額は一定なので変化しませんが、投資 I が増加をすると、それに対して、$\dfrac{1}{1-c}$ 倍の国民所得 Y が増加をすることが判明します。

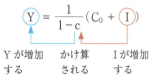

この「増加した分」、「変化した分」は Δ（デルタ）という記号を使って表現されるので、その部分だけをピックアップして、次のように書き換えることができます。

$$\Delta Y = \frac{1}{1-c} \Delta I \quad (\Delta Y = \frac{1}{1-c} \times \Delta I \text{ のかけ算の記号「×」は省略しています})$$

たとえば、I＝1億円で、c＝0.8 の場合、

$$\frac{1}{1-c} = \frac{1}{1-0.8} = \frac{1}{0.2} = 5 \text{ より、}$$

国民所得は、5×1億円＝5億円　になります。

これは、投資が実施されれば、その効果は5倍に拡大して国民所得（Y）になることになります。この波及効果を**乗数**といいます。

> **Key Point**
>
> 投資が実行されれば、その大きさに対して $\frac{1}{1-c}$ 倍の国民所得を増加させることができます。この $\frac{1}{1-c}$ は**投資乗数**とよばれます。

> **練習問題**
>
> ある国の経済において、現在の国民所得水準が300兆円であるとき、限界消費性向が0.8として、投資が20兆円増加すると国民所得水準はいくらになりますか。
>
> **1.** 316兆円　　**2.** 320兆円　　**3.** 400兆円　　**4.** 416兆円
>
> （地方上級　改題）

【解説】

国民所得の増加（ΔY）は、投資の上昇（ΔI）に対して投資乗数 $\frac{1}{1-c}$ 倍の波及効果になります。したがって、

$$\frac{1}{1-0.8} = 5 \quad \text{投資乗数の値が5になります。}$$

国民所得の増加（ΔY）＝5×20兆円（ΔI）＝100兆円。

現在の国民所得の水準は300兆円なので、300兆円＋100兆円（増加分）＝400兆円になります。したがって、**3が正解**です。

投資が大きくなれば、投資乗数倍で国民所得が大きくなる！ その倍率を求めればよいわけですね！

そう！ 何倍になるのかがポイント！

練習問題

ある国のマクロ経済が次のように表されています。

$Y = C + I$
$C = 0.8Y + 300$
$I = 1,200$

（C：消費、Y：国民所得、I：投資）

この国において、投資を500増加させた場合、均衡国民所得は次のうちどれになりますか。ただし、政府部門、海外との取引はないものとします。

1. 10,000　　2. 12,500　　3. 15,000　　4. 17,500

（地方上級　改題）

【解説】

①有効需要の原理より、需要の大きさが国民所得を決定します。

したがって、政府部門、海外との取引はない場合には、

Y（国民所得）＝C（消費）＋I（投資）になります。

この式に問題文で与えられているC、Iの数値を代入します。

$Y = 0.8Y + 300 + 1200$　（0.8Yを移項します）

$Y - 0.8Y = 1500$

$0.2Y = 1500$

$Y = 7,500$（投資増加前の国民所得の大きさになります。）

②投資を500増加させた場合

投資乗数は、$\frac{1}{1-0.8} = 5$ となり、500の投資が増加すると、500×5（投資乗数）＝2,500の国民所得が増加します。

③当初の国民所得に増加分を足し算します。

$7,500 + 2500 = 10,000$

したがって、**正解は1**になります。

Unit 07 財市場分析（45度線分析）③
政府支出はどれくらい経済効果があるのか？

予算の金額は明確にしなければなりません。

財市場分析

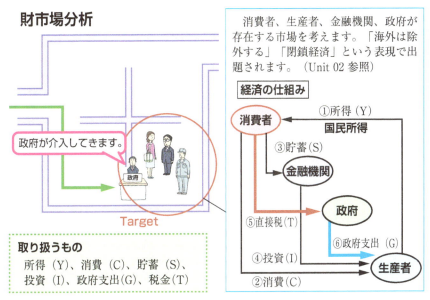

順路

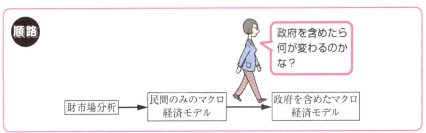

このUnitから、経済モデルのなかに政府が入ることから、国民所得を決定する式の中に税金（T）と政府支出（G）が入ります。税金というのは消費者が支払う直接税（たとえば所得税）と生産者が支払う間接税（たとえば消費税）がありますが、ここでは消費者が支払う直接税のみをピックアップして、それを税金（T）という名称で扱います。

消費者は、入ってきた所得からまず最初に税金（T）を支払い、その残った分を消費（C）と貯蓄（S）に振り分けることになります。

> **Key Point**
>
> 所得のうち、消費者が使える分を**可処分所得**（家計可処分所得）といい、可処分所得＝$(Y-T)$として、所得から税金を差し引いた式で表されます。

政府が参加することによって税金がとられるので、消費者の消費関数も可処分所得を考慮すると、次のように書き換えられます。

政府がなかった場合の消費関数　$C = C_0 + cY$　← 所得を可処分所得に置き換えます

政府がある場合の消費関数　$C = C_0 + c(Y-T)$

政府がある場合は、基礎消費（C_0）は変わりませんが、限界消費性向（c）には所得ではなく、可処分所得をかけ算することになります。

また、政府の介入は、総供給（Y^S）に税金、総需要（Y^D）に政府支出（G）が足し算されるので、総供給（Y^S）と総需要（Y^D）も次のようになります。

こんな感じですね！

消費者

まず、最初に税金を支払う
↓
可処分所得
↓
消費と貯蓄に分けられる

総供給(Y^S)と総需要(Y^D)

　総供給(Y^S) ＝ 消費(C) ＋ 貯蓄(S) ＋ 税金(T)
　総需要(Y^D) ＝ 消費(C) ＋ 投資(I) ＋ 政府支出(G)　より、

※総供給（Y^S）は税金として支払った分、消費された分と消費にまわらなかった分の合計が総生産の大きさに等しくなります。

総需要(Y^D) ＝ 消費(C) ＋ 投資(I) ＋ 政府支出(G)

← 有効需要の需要の大きさで国民所得が決まります。

税金（**T**：Tax）
政府支出（**G**：Government）

英語の頭文字を使い、記号で表します。

国民所得(Y) ＝ 消費(C) ＋ 投資(I) ＋ 政府支出(G)

国民所得（Y）を増加させるためには、消費（C）、投資（I）または政府支出（G）が大きくなる必要があります。

ようやくUnit 01の論点に戻ってきましたね。投資や政府支出が国民所得を大きくさせる式が登場だ！

1 政府支出（G）

政府支出、いわゆる公共投資は一種の独立投資であって政府の裁量しだいでその大きさが左右され、年間の予算額が国会の決議で決まるので一定額とします。

> **Key Point**
>
> **政府支出**
>
> $G = G_0$

性質的には、独立投資と同じに考えるわけだね。

政府支出は、何にも依存せず決定するので、独立投資の式と同じように、Gの記号の下に0（ゼロ）を付けて$G=G_0$と表示したり、Gの記号の上に－（バーと読みます）を付けて、$G=\bar{G}$として表現することもできます。試験ではこのような式を用意しないで「政府支出は一定とする」といった文章のみで指示することも多いです。

投資の拡大によって、投資乗数倍の波及効果をもって国民所得を増加させることができましたが、ここで政府支出による波及効果についても計算をしていくことにしましょう。

> **国民所得** $Y = C + I + G$
> **消費** $C = C_0 + c(Y - T)$
> **投資** 投資は一定とします。
> **政府支出** 政府支出は一定とします。
>
> （ただし、Y：国民所得、C：消費、C_0：基礎消費、c：限界消費性向、T：税金は一定額とします。）

国民所得Yに消費Cを代入して、式を整理します。

ここに消費関数を代入します。

$Y = C + I + G$

$Y = C_0 + c(Y - T) + I + G$ となります。

（消費関数以外は一定）

カッコを外します。

$Y = C_0 + cY - cT + I + G$ とします。

$Y = C_0 + cY - cT + I + G$ 　cY を移項します。Y の記号が付いているものは左辺に集めます。

$Y - cY = C_0 - cT + I + G$ 　左辺を Y でくくります。

$(1-c)Y = C_0 - cT + I + G$ 　今度は、両辺を $(1-c)$ で割り算します。

$$Y = \frac{C_0 - cT + I + G}{1 - c}$$

「こんな面倒な作業をしなくても？」と疑問に思うかもしれませんが、経済学で使う形にしていきます。

この式は、今後も他の場所で使うらしいよ。

国民所得の決定式 $\quad Y = \dfrac{1}{1-c}(C_0 - cT + I + G)$

この式から、政府支出 G が増加すると、$\dfrac{1}{1-c}$ 倍の国民所得 Y が増加をするのは、以下のように必要な部分のみに着目するとわかります。

$\boxed{Y} = \dfrac{1}{1-c}(C_0 - cT + I + \boxed{G})$

Y が増加する　かけ算される　G が増加する

また、$\varDelta$（デルタ）という記号を使って、それらの増加分のみに着目すると、次のように書き換えることもできます（$\varDelta G$ は G の増加分、$\varDelta Y$ は Y の増加分）。

> **Key Point**
>
> $$\Delta Y = \frac{1}{1-c} \Delta G$$

結局、投資が増加したときとやり方は同じだね。

たとえば、G = 2 兆円で、c = 0.8 の場合、

$$\frac{1}{1-c} = \frac{1}{1-0.8} = \frac{1}{0.2} = 5 \text{ より、}$$

国民所得は、5×2 兆円 = 10 兆円 になります。

これは、政府支出が実施されれば、その効果は 5 倍に拡大して 10 兆円の国民所得（Y）を増加させることになります。

> **Key Point**
>
> 政府支出が実行されれば、その大きさに対して $\frac{1}{1-c}$ 倍の国民所得を増加させることができます。この $\frac{1}{1-c}$ は **政府支出乗数** または **財政乗数** とよびます。

> **練習問題**
>
> マクロ経済モデルが以下のように示されています。
>
> Y = C + I + G
> C = 0.8Y + 200
> I = 120
> G = 80
>
> （Y：国民所得、C：消費、I：独立投資、G：政府支出）
>
> この時、政府支出を 40 増加させると国民所得はいくら増加することになりますか
>
> **1.** 40 **2.** 120 **3.** 160 **4.** 200
>
> （地方上級　改題）

【解説】

解法 1

まず、Y = C + I + G の中に消費、投資、政府支出の数値を代入します。

Y = 0.8Y + 200 + 120 + 80

次に、Yの項である0.8Yを左辺へ移します。

$$Y - 0.8Y = 200 + 120 + 80$$

Yでくくります。

$(1-0.8)Y = 400$、両辺を$(1-0.8)$で割ると乗数が出ます。

$$Y = \frac{1}{1-0.8} \times 400 = 2{,}000$$

> $\frac{1}{1-0.8} = 5$ より、政府支出は5倍の波及効果を示します。

また、政府支出が80から40増加すると、120になることから、$Y = 0.8Y + 200 + 120 + 120$ より、

$$Y = \frac{1}{1-0.8} \times 440 = 2{,}200$$

よって、2,200(増加後)－2,000(増加前)＝200 より、国民所得は 200 増加します。

解法2

問題文が国民所得の増加分のみを解答すればよいので、乗数のみを取り出し、政府支出の増加分をあてはめるだけでも解答可能です。

$$\Delta Y = \frac{1}{1-0.8} \times \Delta G$$

（国民所得の増加分）　（政府支出の増加分 40）

国民所得の増加分は 200 となります。

以上より、**正解は 4** になります。

消費関数をみれば、限界消費性向cが0.8。これだけで政府支出乗数がつくれるから実際には一発で解答できるね。

ここでは、教科書的に計算という小難しいことをしましたが、政府支出が40、限界消費性向が0.8であるということを言葉で説明してみましょう。まず、政府が景気刺激対策のために40の公共投資を行います。すると、この40の支出分が直接的に需要を押し上げ景気を上昇させます。しかし、40の公共投資の需要の創出効果はそれだけにとどまりません。40の公共投資分だけのお金はこの公共投資にかかわる人たちの所得になります。すると、この人たちは所得が上がって以前よりも多くの消費をすることになるでしょう。この消費にまわる分が0.8、つまり80％ということです。

つまり、上昇した所得の80％を消費にまわすので、それがまた誰かの所得になるのです。そして、所得が上がればまたそのうち80％が消費にまわります。これが何度も繰り返されて、当初の40という公共投資の規模は、それよりもはるかに大きい200という数字の需要をうみだし国民所得の大きさになっていくのです。

2 税金（T）

政府を含む経済では、政府支出（G）とセットに入ってくるのが税金（T）です。税金には、所得の大きさとは無関係な定額税（一括課税）と、所得に依存する比例税（試験では所得税として出題されます）がありますが、このUnitでは前者の定額税（一括課税）のみをとりあげます。

Key Point

税金（定額税、一括課税）

$$T = T_0$$

これも一定の数字なんだね。計算しやすそう！

定額税（一括課税）は、$T = T_0$、$T = \overline{T}$ として表現したり「税金は一定（額）とする」といった文章のみで指示することも多いです。

さらに、ここで、政府支出乗数で整理した決定式を再び使って、税金（T）と国民所得（Y）の関係をみていきます。

先ほどと同じように、国民所得の決定式を導出します。

$$Y = C + I + G \quad \cdots ①$$
$$C = C_0 + c(Y-T) \quad (消費関数) \quad \cdots ②$$
$$I は一定（独立投資） \quad \cdots ③$$
$$G は一定（政府支出） \quad \cdots ④$$
$$T は一定（租税） \quad \cdots ⑤$$

復習なので、再確認のつもりでみていきましょう。

まず、①に②〜⑤を当てはめ、カッコを外します。

$$Y = C_0 + c(Y-T) + I + G \quad \cdots ⑥ \leftarrow （代入します）$$
$$Y = C_0 + cY - cT + I + G \quad \cdots ⑦ \leftarrow （カッコをはずします）$$

⑦を以下のように整理していきます。

$$Y - cY = C_0 - cT + I + G \leftarrow （Yの付くものは左辺へ移項します）$$
$$Y(1-c) = C_0 - cT + I + G \leftarrow （左辺をYでくくります）$$

復習
国民所得の決定式
$$Y = \frac{1}{1-c}(C_0 - cT + I + G)$$

←両辺を$(1-c)$で割り算し、左辺をYのみの形にします。

ここまでは、復習になります。

次に、国民所得の決定式から、税金と国民所得の関係を考えていきましょう。数式のT（税金）だけに着目し、T（税金）が増加する（ΔT）と、何倍のY（国民所得）が大きくなる関係なのか、決定式を整理していきます。

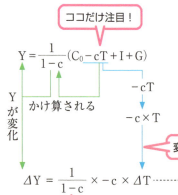

ココだけ注目！

$$Y = \frac{1}{1-c}(C_0 - cT + I + G)$$

Yが変化　かけ算される

$-cT$
$-c \times T$

変化する部分だけをピックアップします。

$$\Delta Y = \frac{1}{1-c} \times -c \times \Delta T$$

そして、$\frac{1}{1-c}$にかけ算されて、国民所得に影響を及ぼします。

かけ算される

● 決定式の中にある$-cT$を取り出して、分解しています。
　まず、税金（T）が増えるのでΔTとして、マイナスの限界消費性向（c）がかけ算されています。

さらに、整理をしていきます。

$$\Delta Y = \frac{1}{1-c} \times (-c) \times \Delta T$$

$$\Delta Y = \frac{-c}{1-c} \Delta T$$ ………● かけ算なので、このようにも変形させて書くこともできます。

$-c$ の部分は切り離して、$\frac{1}{1-c}$ と合わせてしまいます。これによって、単純に税金が増えた（ΔT）状況だけをみることができるのです。

$$\Delta Y = -\frac{c}{1-c} \Delta T$$ ………● マイナスの記号を前にもっていきます。

この式から、税金（T）と国民所得（Y）は次のような関係になります。

> **Key Point**
>
> 増税が実行されれば、その大きさに対して $-\frac{c}{1-c}$ 倍の国民所得を減少させることになります。この $-\frac{c}{1-c}$ は**租税乗数（一括課税乗数）**とよびます。

　この租税乗数には、－（マイナス）の記号がついていることに注目しましょう。その意味は、T が増加（ΔT）する**増税**は、国民所得（Y）のマイナス（減少）効果になることです。

　租税乗数は増税を意味していることから、このマイナス記号をプラス記号に替えれば今度は、**減税による国民所得への効果**を示すことができます。

$$\Delta Y = -\frac{c}{1-c} \times -\Delta T$$

減税の場合、税金の変化がマイナスになります。

マイナスとマイナスのかけ算でプラスになります。

$$\Delta Y = \frac{c}{1-c} \Delta T$$

政府支出でお金を出さなくても、減税をするだけで、景気を浮上させることができるんですね！

> **Key Point**
>
> 減税が実行されれば、その大きさに対して $\frac{c}{1-c}$ 倍の国民所得を増加させることができます。

◆増税を行う場合

①増税が行われる →  ②国民所得が**減少**する

◆減税を行う場合（マイナス記号をはずす）

①減税が行われる → $\dfrac{c}{1-c}$ 倍 → ②国民所得が**増加**する

増税は、乗数以上のダメージを感じますね！

練習問題

マクロ経済モデルが以下のように示されています。

$Y = C + I + G$
$C = 0.8Y + 100$
$I = 120$
$G = 80$

（Y：国民所得、C：消費、I：独立投資、G：政府支出）

この時、政府が 40 の減税を実施すると国民所得はいくら増加することになりますか。

1. 40　**2.** 120　**3.** 160　**4.** 200

【解説】

消費関数をみれば、限界消費性向は 0.8 なので、乗数のみを取り出し減税の効果を確認します。

減税の場合、$\dfrac{c}{1-c}$ 倍の国民所得になるので、分母と分子の両方に C＝0.8 を代入します。

$\dfrac{0.8}{1-0.8} = 4$ になり、減税によって国民所得を 4 倍増加させます。

$$\Delta Y = \dfrac{0.8}{1-0.8} \times \Delta T$$

減税分が 40

国民所得の増加分は 160 となります。

以上より、**正解は 3** になります。

TOPIC

消費税引き上げによる個人消費の影響

消費税引き上げ直後の個人消費の落ち込みは、まるで滝のようですね！

　個人消費（統計上は、Unit 17 で「民間最終消費支出」として扱います）の動向を見ると、2014年4月の**消費税引き上げ**によって大きく減少しています。その後、所得の上昇にともなって個人消費も消費税引き上げ前の水準へ回復しつつあります。この消費の増加をもたらした可処分所得の上昇は株式市場の活況や雇用環境の改善が背景としてあげられます。

3 政府支出と減税

　政府が市場に介入して、景気を浮上させる財政政策を実施する場合、①政府支出、②減税の2つの手法があります。簡単にいえば予算を決めて公共投資を実施するか、それとも税金を安くするかということです。

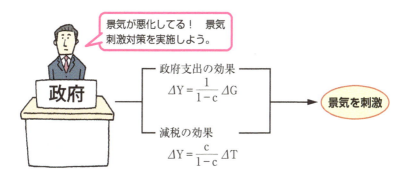

政府支出の効果
$$\Delta Y = \frac{1}{1-c} \Delta G$$

減税の効果
$$\Delta Y = \frac{c}{1-c} \Delta T$$

もし政府が、政府支出と減税額を同額（新たに追加した政府支出を ΔG とし、新たに導入した減税を ΔT と設定し、$\Delta G = \Delta T$ が同じ金額）とした場合、どちらが有効なのかということを乗数に着目してみましょう。

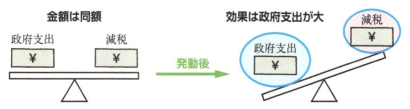

両者の乗数を見比べると、分母は同じなので分子の大きさで大小の比較をすることになります。その際、限界消費性向（c）は必ず1よりも小さくなるので、分子にcを持つ減税よりも、分子に1を持つ政府支出のほうが乗数の効果が大きくなるのです。

Key Point
乗数による波及効果

$$\underset{\text{政府支出}}{\frac{1}{1-c}} > \underset{\text{減税}}{\frac{c}{1-c}}$$

具体的に数字をあてはめて検証すると、限界消費性向が0.8の場合は、

政府支出の乗数効果　$\dfrac{1}{1-c} = \dfrac{1}{1-0.8} = 5$ 倍

減税による乗数効果　$\dfrac{c}{1-c} = \dfrac{0.8}{1-0.8} = 4$ 倍

分子が違うわけですね！

では、なぜ政府支出のほうが効果が大きいのかは次のように説明されます。

政府支出は有効需要の水準を**直接的**に押し上げることができるのに対し、減税は消費を刺激して**間接的**に有効需要に影響を与えるためです。

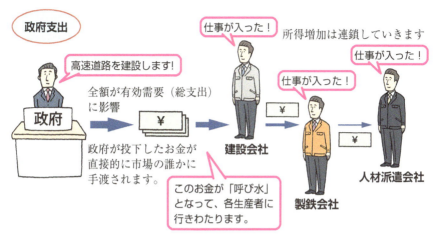

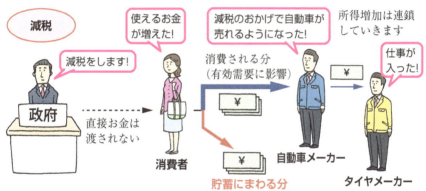

　減税によって、消費者の可処分所得は増加します。その増えた可処分所得を全額消費にまわせば、減税の効果は政府支出と同じものになります。しかし、消費関数の性質をみればわかるように、可処分所得の上昇は貯蓄をも上昇させるので、貯蓄の分の消費への支出が減少、つまり**有効需要への影響が貯蓄分だけ漏出**してしまい、政府支出よりも効果が弱まってしまうのです。

そんなに効果があるんだったら、政府支出をガンガンやればいいんじゃないの？

政府支出にしろ、減税にしろ、財源が必要だからね！　やりすぎれば財政を赤字にさせてしまいます！

4 均衡予算乗数

　政府の介入によって、政府支出を増加させると国民所得が増加し、税金を増やせば国民所得は減少します。それなら政府支出だけを実施すればよいのですが、それには財源が必要であり、大衆から税金を集めることが必要になります。

　歳入（政府の収入）と歳出（政府の支出）を同額にして政府支出をすべて増税によってまかなうことを**均衡予算**といいます。均衡予算における政府支出の効果は**相殺**されてゼロになってしまうのか、それとも何倍かの効果をもたらすのか乗数を使って計算します。

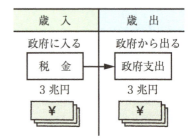

減った分のお金が増えるだけで効果なんか期待できるかな？

　たとえば3兆円の増税と、同額の政府支出を同時に行った場合の計算をします。

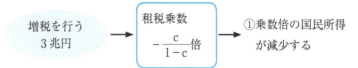

3兆円をAとおいて①+②の計算を行います。

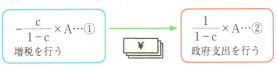

同時に行うので、足し算にします。

$$-\frac{c}{1-c} \times A + \frac{1}{1-c} \times A \quad \leftarrow ①+②の式をつくります$$

$$= \left(\frac{-c}{1-c} + \frac{1}{1-c}\right) \times A \quad \leftarrow Aでくくります$$

$$= \frac{1-c}{1-c} \times A \quad \leftarrow 分母が1-cなのでまとめます$$

$$= \mathbf{1} \times A \quad \leftarrow A=3兆円なので代入します。$$

$$= \mathbf{1} \times 3兆円 = 3兆円$$

1になりました。

　上式のように、増税と政府支出を同時に行った場合、その効果はすべて相殺されてゼロになることはありません。政府支出の金額の**1倍**だけの国民所得の増加をもたらし、有効な政策になるのです。

　この「1」は**均衡予算乗数**とよばれます。

> **Key Point**
>
> 　政府支出の財源をすべて増税でまかなう均衡予算で発動した場合、国民所得は政府支出の額だけ（1倍）増加します。

5 所得の連鎖と乗数

投資が実施されると、支出された投資のお金は建設会社などの投資財の生産者に入り、その生産者の所得になるので、その分の国民所得が増加します。その後、所得が増加すると消費も増加し、生産者の所得になるので、その生産者の所得が増加します。そして、さらに、所得の増加はまた消費の増加を誘発していくという所得増加の連鎖がおきます。

ここでは、民間のみの経済を前提として、その連鎖の基本的な仕組みと、その連鎖がどこまで、どのように続くのか考えていきます。

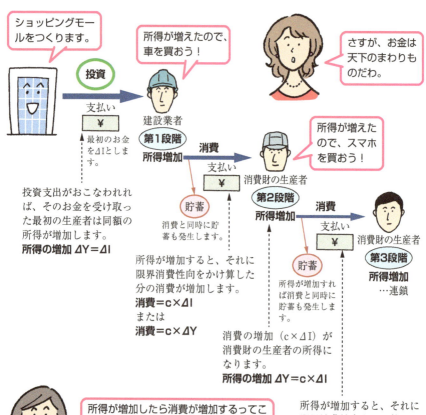

それでは、いったいトータルの所得はいくらになるのかを計算してみましょう。まず、第一段階では投資支出の額（ΔI）を直接受注する生産者は投資支出（ΔI）の大きさの所得が増加します。

次に、第一段階で上昇した所得（これはΔIに等しくなります）に限界消費性向（c）をかけ算した数字に消費が増加し、この消費されたお金は消費財の生産者の所得（$c \times \Delta I$）になります。これが第2段階の所得の上昇になります。

さらに、第2段階での所得（$c \times \Delta I$）に限界消費性向（c）をかけ算した大きさの消費（$c \times c \times \Delta I = c^2 \times \Delta I$）が上昇することから、これが第3段階の消費財の生産者の所得の増加となります。

この所得の上昇による消費の上昇、消費を行えば消費財の生産者の所得が上昇するという連動が無限に波及していくことになります。

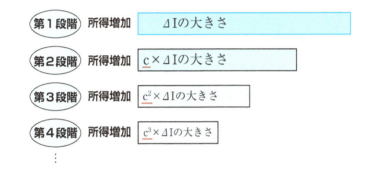

投資支出による国民所得の増加（ΔY）は次のようになっていきます。

$$\text{トータルでの}\Delta Y = \underset{\Delta I}{\text{第1段階での国民所得の増加分}} + \underset{c\Delta I}{\text{第2段階での国民所得の増加分}} + \underset{c^2\Delta I}{\text{第3段階での国民所得の増加分}}$$

$$+ \underset{c^3\Delta I}{\text{第4段階での国民所得の増加分}} + \cdots$$

ここで、国民所得の大きさは限界消費性向（c）をかけ算した数字で波及していくので、その大きさで加算をしていくことになります。計算上は一定の公比を持った数字でかけ算される無限等比級数の形になりますが、理論上での話になると次のように説明されます。

財市場で投資＝貯蓄の需給がバランスしている状態から、投資が拡大すると、投資＞貯蓄となり需要のほうが大きくなってしまいます。その後、需要の創出によっ

て所得が拡大していき、消費が大きくなると同時に貯蓄も増えていきます。その貯蓄が投資と同じになるまでこの波及効果が続くと考えられます。

投資＝貯蓄になるまで波及効果が続きます

最後に、無限等比級数の公式から投資による国民所得の増加を求めることが可能になります。計算の考え方は Unit 04 を参照し、公式にあてはめていきます。初項が ΔI、公比が限界消費性向である c なので、それぞれを代入します。

無限等比級数の和の公式

$$\frac{初項}{1-公比}$$

$\Delta Y = \dfrac{\Delta I}{1-c}$ より、

$\Delta Y = \dfrac{1}{1-c} \Delta I$ となります。

TOPIC

　日本の高度経済成長があった1950年代後半の好景気時（岩戸景気）に、「投資が投資をよぶ」という有名な言葉がその成長ぶりの象徴になりました。
　投資がおこなわれるとその金額だけの経済を押し上げるだけにとどまらず、工場に納入する機械製造業者が、さらに生産開始後には、原材料や部品メーカー、雇用される従業員への給与も発生するので周辺の飲食業やスーパーなど、それぞれ関連会社も投資をおこなうことが予想されます。このように、投資はさまざまな経済への波及効果が期待できたのです。

> **練習問題**
>
> 国民所得が消費、投資、政府支出からなる経済において、政府が2兆円の増税と3兆円の政府支出を同時に行った場合、国民所得の増加額として正しいものはどれですか。ただし、限界消費性向は0.8とします。
>
> **1.** 3兆円　　**2.** 5兆円　　**3.** 7兆円　　**4.** 9兆円
>
> （地方上級）

【解説】

①増税による需要の漏出効果

$$-\frac{c}{1-c} = -\frac{0.8}{1-0.8} = -\frac{0.8}{0.2} = -4$$

（租税乗数）

租税乗数は、−4となり増税額に対して4倍の波及効果で国民所得を**減少**させることになります。

　2兆円　×　−4　=　−8兆円（減少する国民所得）
　(ΔT)　（租税乗数）　(ΔT)

②政府支出による需要の注入効果

$$\frac{1}{1-c} = \frac{1}{1-0.8} = \frac{1}{0.2} = 5$$

（政府支出乗数）

財政乗数は、5となり政府支出に対して5倍の波及効果で国民所得を**増加**させることになります。

　3兆円　×　5　=　15兆円（増加する国民所得）
　(ΔG)　（政府支出乗数）　(ΔY)

③増税と政府支出を同時に実施

　15兆円　−　8兆円　=　7兆円
　政府支出に　　増税により
　より増加す　　減少する国
　る国民所得　　民所得

したがって、**正解は3**になります。

> 計算するものは多く感じるけど、乗数の計算を覚えていれば、短時間にできそうですね！

> **練習問題**
>
> 　政府支出を増加し、政府支出の増加額と同額の増税によりそれを賄った場合、均衡予算乗数の理論に基づいて計算したときの国民所得の変化に関する記述として正しいものはどれですか。ただし、海外を含まない経済を前提とします。
>
> 1. 均衡予算乗数は $\dfrac{1}{1-c}$ なので、国民所得は政府支出の増加額の $\dfrac{1}{1-c}$ 倍だけ増加します。
> 2. 均衡予算乗数は1であるので、国民所得は政府支出の増加額と同額だけ増加します。
> 3. 政府支出の増加による国民所得の増加は、増税による国民所得の減少と相殺されるので国民所得は変化しません。
> 4. 政府支出の乗数効果は、増税による乗数効果よりも大きいので、国民所得は政府支出の $\dfrac{1}{1-c}$ 倍から増税額を差し引いた分だけ増加する。
>
> （地方上級）

【解説】

1. ×　均衡予算乗数は $\dfrac{1}{1-c}$ 倍にはなりません。
2. ○　政府支出と同額の国民所得が増加します。
3. ×　増税と政府支出の額が同額で実施された場合でも、その効果が相殺され国民所得が変化しないということはありません。均衡予算乗数倍だけ国民所得は増加します。
4. ×　増税額を直接差し引くのではなく、増税額もまた租税乗数でかけ算して計算する必要があります。

　以上より、**2が正解**です。

乗数が1で、1倍になるっていい方が変わっているよね！

Unit 08

日本の巨大な貯蓄と貿易大国は繋がりがあった

財市場分析（45度線分析）④
なぜ日本は観光立国をめざすのか？

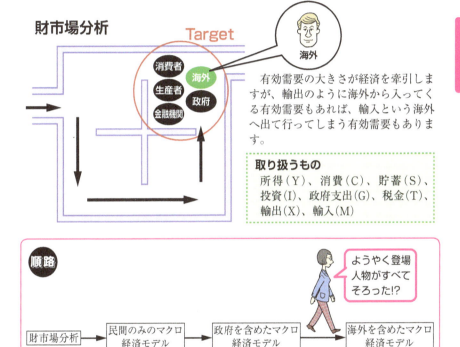

マクロ経済の最後の参加者である「海外」を含めたモデルを考察します。海外にもやはり、消費者や生産者、政府も金融機関もありますが、そういったものをひとつひとつ取りあげるのではなく、まとめて「海外」としておきます。

この財市場の分析では、海外とのモノの取引に焦点をあてるので輸出（X）と輸入（M）が追加されます。

国民所得（Y）＝消費（C）＋投資（I）＋政府支出（G）＋輸出（X）－輸入（M）

(輸出は Export、輸入は Import、頭文字は別の意味で用いられるので 2 番目の文字を使って表されます)

国民所得に組み入れられる輸出(X)−輸入(M)は**貿易収支**といいます。収支という言葉は収入と支出ということなので、輸出は海外からの貿易による収入となり、輸入は貿易による支出になります。日本は貿易大国といわれ、経済成長を支えてきた経緯があるので、ニュースや新聞などでも現在の貿易収支について必ずといっていいほど取り上げられ、まったく初めて聞いたという人は少ないはずです。

この Unit では、まず最初に輸出と輸入を経済理論にあてはめられるように数式にしていく作業をしていきます。

1 輸出（X）と輸入（M）

輸出は独立投資や政府支出と同様に、国民所得（Y）とは無関係に、一定値の大きさを示します。

> **Key Point**
>
> **輸出**
>
> $X = X_0$

再び、一定の数字なんだ。

この一定値を示すことによって、$X = X_0$ と表示したり、$X = \overline{X}$ として表現することもでき、「輸出は一定とする」といった文章のみで指示することも多いです。

いっぽう、その国がどのくらい輸入するのかは所得（Y）の大きさによって決まると考えられます。日本のように、「ゆりかごから墓場まで」すべての製品が自国で手に入るという状況にある国はごくまれで、通常は、所得が上昇すると国内で需要される商品数も増えるので、それに対応した輸入品が増加すると想定してみましょう。すると、輸入は以下のように分類することができます。

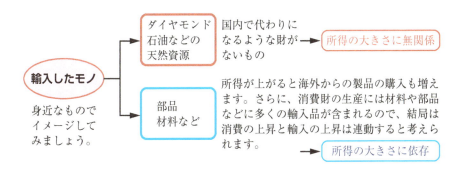

 日本で採掘できない天然資源は、さすがに輸入に頼らないとならないね。

 日本製品の多くはその原料に輸入品を使っていますからね。コーヒー飲料、食パン、自動車から電子機器まで！ 消費の上昇は輸入の上昇でもあるよね。

所得の大きさに無関係な輸入

日本では産出できない資源、製造不可能なモノは所得とは無関係にどうしても輸入に頼らなければなりません。 → 一定の金額になり、基礎輸入といいます。 → **基礎輸入** M_0 基礎輸入は大文字のM（エム）の下にゼロを記して表されます。

所得の大きさに依存する輸入

所得（Y）によって、輸入（M）がどれくらい増加するのか？その所得の上昇に対する輸入の割合を限界輸入性向によって表します。 → **限界輸入性向** m 限界輸入性向はm（小文字のエム）で表されます。

　この限界輸入性向は、限界消費性向と同様に考えます。つまり、所得の上昇に伴って輸入は増加するので限界輸入性向は0以上の数字（$0<m$）になります。ただし、1,000円の所得が上昇したからといって1,000円以上の輸入をすることはできないので、限界輸入性向は所得の10割(100 %)＝1を超えない数字になります。
　つまり、割合は1以下になるので、$0<m<1$ というのがこの限界輸入性向の範囲

ということになります。

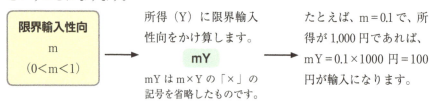

２つを合成して輸入関数をつくります。

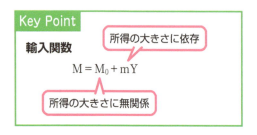

たとえば、基礎輸入 200、限界輸入性向が 0.1 であれば、

$M = 200 + 0.1Y$

と表されます。所得 Y が 1,000 円ならば、$200 + 0.1 \times 1000 = 300$ 円が輸入の金額になります。

試験では、基礎輸入がない $M = mY$ としても出題が多いです。また、消費関数は政府活動がある場合には可処分所得（Y－T）に依存しますが、輸入関数は政府活動がある場合でも所得（Y）に依存する関数になります。

2 開放マクロ・モデル

前 Unit で扱ったマクロ・モデルに、さらに輸出（X）と輸入（M）を加算して、有効需要の原理に基づく国民所得の決定式をつくっていきます。次のように、式を用意します。

国民所得　$Y = C + I + G + X - M$　　…①と表し、それぞれの関数の内訳は、
消費　　　$C = C_0 + c(Y - T)$　　…②
輸入　　　$M = M_0 + mY$　　…③
投資（I）、政府支出（G）、輸出（X）は一定値とします。　…④
また、税金（T）は一括課税です。　…⑤

> Y：国民所得、C：消費、G：政府支出、X：輸出、M：輸入、C_0：基礎消費、
> c：限界消費性向、T：税金、M_0：基礎輸入、m：限界輸入性向

（略文字については、Unit 02 を参照してください）

$Y = C + I + G + X - M$　…①の国民所得の式に、②から⑤までの式を代入します。

$$Y = C_0 + c(Y - T) + I + G + X - (M_0 + mY)$$

次に、括弧をはずします。

$$Y = C_0 + cY - cT + I + G + X - M_0 - mY$$

さらに、Y の項を左辺へ移項して、Y でくくります。

$$Y - cY + mY = C_0 - cT + I + G + X - M_0$$
$$(1 - c + m)Y = C_0 - cT + I + G + X - M_0$$

> 毎 Unit でマクロ・モデルの式を展開していますが、試験では実際にこの式の展開を要求されることはないので、おおよそイメージできれば十分です。

最後に両辺を $(1 - c + m)$ で割り算します。

$$Y = \frac{C_0 - cT + I + G + X - M_0}{1 - c + m}$$

　　　　　　↓ 経済学で使う形にします。

決定式

$$Y = \frac{1}{1 - c + m}(C_0 - cT + I + G + X - M_0)$$

このように、国民所得の決定式が導出されます。

　今度は、この式から構成されているものの変化がどのくらい国民所得に影響を与えるか、開放モデル時における各乗数を確認します。

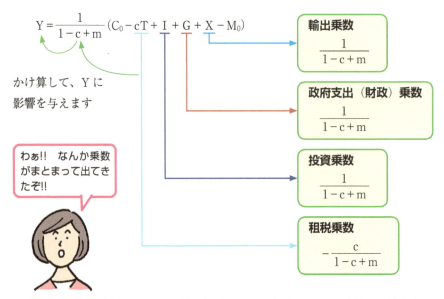

　前Unitまでの海外がなかった閉鎖経済のマクロ経済モデルの乗数と比較をすると、分母に限界輸入性向mが足し算された形になっていることがわかります。

　たとえば、輸出が50増加した場合、限界消費性向が0.8、限界輸入性向が0.2として国民所得（Y）がどれだけ増加するのかを計算してみましょう。

$$\Delta Y = \frac{1}{1-c+m} \times \Delta X$$

　輸入乗数を用意して、それぞれの文字に数字をあてはめます。$c=0.8$、$m=0.2$、$X=50$を代入すると、

$$\Delta Y = \frac{1}{1-0.8+0.2} \times 50$$

$$\Delta Y = \frac{1}{0.4} \times 50$$

$\Delta Y = 125$ となり、輸出が50増えると国民所得は125増加することになります。

> **Key Point**
>
> 　開放マクロ・モデルでは、投資や政府支出、輸出などの需要が増加すると、それに対して $\frac{1}{1-c+m}$ 倍の国民所得を増加させます。この $\frac{1}{1-c+m}$ は**外国貿易乗数**ともよびます。

開放マクロ・モデルだと、分母にmを足し算する形になるだけで、基本的な計算は同じだね。

　開放マクロ・モデルの乗数は、閉鎖経済の場合と比較すると、その需要の波及効果を示す乗数の分母に限界輸入性向mが入ることによって、分母が大きくなってしまい、乗数の効果を弱めてしまうことになります。

政府支出を行った時の波及効果

$$\frac{1}{1-c+m} < \frac{1}{1-c}$$

　　　　開放経済　　　閉鎖経済

　これは、有効需要の拡大によって、国民所得が上昇しても需要の漏出要因、つまり、海外に出て行ってしまう需要である輸入の増加を誘発させてしまうのでその分の波及効果が相殺されてしまうことが原因となります。

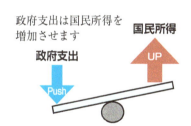

政府支出は国民所得を増加させます

国民所得の増加は、需要のマイナス要因である輸入を誘発させます。

練習問題

　マクロ経済モデルが $Y=C+I+E-M$ で与えられています。(Y：国民所得、I：投資、E：輸出、M：輸入、民間のみの経済を想定し政府活動はないものとします)

　今、限界消費性向が 0.8、限界輸入性向が 0.2 である場合に、輸出が 30 増加した時に、これによって輸入はいくら増加しますか。

1. 11　　2. 15　　3. 19　　4. 22　　5. 27

（国家Ⅱ種　改題）

【解説】

解答を2つの段階に分ける必要があります。

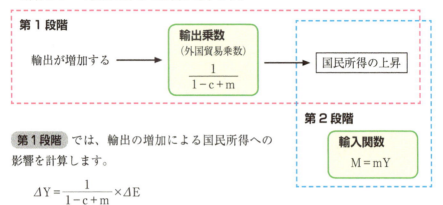

第1段階 では、輸出の増加による国民所得への影響を計算します。

$$\Delta Y = \frac{1}{1-c+m} \times \Delta E$$

前ページの説明では、輸出をXという文字を使いましたが、ここでは問題に合わせて、輸出の文字をEにします。

外国貿易乗数に限界消費性向が0.8、限界輸入性向が0.2である場合に、輸出として30をあてはめます。

$$\Delta Y = \frac{1}{1-0.8+0.2} \times 30$$

$\Delta Y = 2.5 \times 30 = 75$　　…①

輸出乗数（外国貿易乗数）

$$\frac{1}{1-c+m} = \frac{1}{1-0.8+0.2} = 2.5$$

以上より、輸出が30増加をすると、国民所得が75増加することがわかります。

第2段階 では、国民所得の増加がどのくらいの輸入を増加させるかを計算します。輸入関数をつくるのに、基礎輸入と限界輸入性向が必要ですが、問題文には基礎輸入が出ていないので、限界輸入性向のみで輸入関数をつくります。

　M（輸入）＝mY より、

　m＝0.2 なので、M（輸入）＝0.2×ΔY という式が想定できます。

　第1段階で導出した $\Delta Y = 75$ を代入して、輸入の増加を求めます。

　0.2×75＝15

以上より **2が正解** です。

3 ISバランス式

財市場を分析する材料が出そろいました。

ここで貿易収支に関する考え方の代表的なものとしてISバランス式を説明します。これにより、総需要（Y^D）と総供給（Y^S）が需給均等になることを利用して、どうして貿易収支が黒字になったり赤字になったりするのか、その要因を探ることができます。

ここでは、需給のバランスがとれている状態を前提に、そのISバランス式を導出していきます（ISのIは投資で、Sは貯蓄の意味です。投資＝貯蓄であれば財市場は均衡しています）。

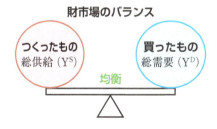

総供給（Y^S）＝消費（C）＋貯蓄（S）＋税金（T）　…①

総供給は、消費された分（C）と消費に使わなかった分（消費されなかった分の貯蓄Sと税金Tとして払った分です）を足し合わせると総生産額になるので、①のように表すことができます。

この総供給は分配面、つまり所得の大きさからも説明ができます。

つまり、受け取った所得のうち使った分（消費C）と使わなかった分（貯蓄Sと税金T）に分けられるので、裏返せば消費Cと貯蓄Sと税金Tを足し算すると生産によって受け取った所得の大きさに等しくなるということです。

給料は使った分、使わなかった分、税金に分けられるわけね。

つまり、使った分と使わなかった分を足し算すると元の給料の大きさになるよね！総所得＝総生産額なんだ。

総需要（Y^D）　買ったもの

総需要(Y^D) = 消費(C) + 投資(I) + 政府支出(G) + 輸出(X) − 輸入(M)　…②

総需要（総支出）は有効需要、つまり支出した大きさなので、消費支出、投資支出、政府支出の大きさに、海外からの需要で輸出 X を加え、海外に出て行ってしまう需要の輸入 M を差し引きます。

次に、需要と供給の一致、総供給(Y^S) = 総需要(Y^D)より、2つの式をイコールでつなげます。

$$総供給(Y^S) = 総需要(Y^D)$$

$$消費(C) + 貯蓄(S) + 税金(T) = 消費(C) + 投資(I) + 政府支出(G) + 輸出(X) − 輸入(M)$$

$$C + S + T = C + I + G + X − M$$

次に、両辺の C を消去します。
$$S + T = I + G + X − M$$
さらに、右辺の I と G を左辺に移項すると次の式が完成します。
$$S − I + T − G = X − M$$
これを、経済学で説明しやすいように以下のような形にします。

Key Point

IS バランス式
　(S−I) + (T−G) = X−M

IS バランス式は、民間収支、財政収支、貿易収支の3つの要素から成り立ちます。

　　　(S−I)　 + 　(T−G) 　= 　X−M
　　　　│　　　　　│　　　　　│
　　　民間収支　財政収支　貿易収支

民間収支…貯蓄から投資を引き算した分
財政収支…税収から政府支出を引き算した分
貿易収支…輸出から輸入を引き算した分

この式の各部分は次のように説明されます。

① **民間収支（S−I）**

民間収支がプラスになるということは、貯蓄が投資よりも超過しているので、貯めているお金があり、まだ投資できる余力が残っている状態です。民間**貯蓄超過**ともいいます。

② **財政収支（T−G）**

財政収支がプラス（**財政黒字**）になっていれば、政府にまだ政府支出ができる余力があります。逆に、マイナスになれば**財政赤字**を示すので財源の税金以上の支出をしていることになります。

③ **貿易収支（X−M）**

貿易収支は輸出が輸入を上回っていれば**貿易黒字**、逆に輸入が輸出を上回っていれば**貿易赤字**になります。

この式より、貿易黒字になる説明を裏づけることができます。

> **Key Point**
> 貯蓄超過は貿易収支の黒字に対応します

ISバランス式から導出されるとても不思議に思えるような因果関係ですが、**貿易収支の黒字になる要因は貯蓄超過**にあります。ISバランス式をみると、左辺の財政収支（T−G）が赤字になっても、貯蓄超過により民間収支（S−I）が財政赤字を凌駕するほど大きければ左辺は黒字になることから、右辺の貿易収支（X−M）はプラス、つまり貿易黒字になります。

$$(S-I) + (T-G) = X-M$$

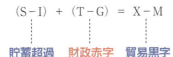

どうして貯蓄超過だと貿易黒字が発生するのでしょう？　貯蓄というのは消費されなかった分なので、貯蓄超過が発生しているというのは生産されたもののうち消費されない分のほうが多いので、通常、そういった場合であれば生産者は需要に合わせて生産を減少させるはずです。

しかし、その貯蓄超過分に該当する余った生産を日本国内で需要されなくても、海外の人が買ってくれるのであれば、減産の必要はなく、生産されたものがすべて売りつくされることが可能でしょう。この外国の需要こそが輸出であり、貿易黒字分になります。

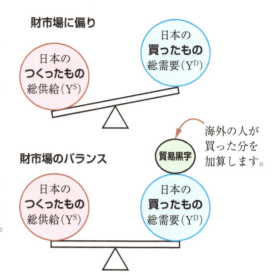

貯蓄超過の状況
①国内だけでみると、貯蓄超過の状態になっていれば、つくったもののほうが多く、国内ですべて買われていない状況になっています。

②貯蓄超過の分に相当する生産額を海外で買われている（貿易黒字）のであれば需給バランスが維持されています。

　輸出というのは、日本の生産のうち外国が消費した分なので、もし、財政収支（T－G）が一定だと仮定すると、需要と供給が一致するためには貯蓄超過分の貿易黒字が必要になるのです。

　現在、日本は観光立国をめざしていますが、訪日外国人が日本に観光に来て外食やホテル代に費やした分なども外国が消費した分になるために、「輸出」としてカウントされます。

> **TOPIC**
> 　訪日外国人観光客による日本国内での消費活動を**インバウンド消費**といいます。このインバウンド消費は統計上では外国人が日本で購入した財やサービスを自国に持って帰るという視点から「輸出」として計測されることになります。
> 　中国経済の減速によって対中輸出額が減少した時期でも、いっぽうで、中国人観光客による「爆買い」によって対中輸出額の減少を改善させることができました。

なるほど、政策的に外国人観光客を増やしているのは、わざわざ外国までモノを運ばなくても輸出を増やすことができるからですね！

外国人観光客が日本で使うお金はそのまま現金収入になるから、そりゃ観光関連企業もがんばりますよね。

しかしながら、こうした貿易黒字は必ずしも有用ではなく、しばしば貿易赤字の相手国との貿易摩擦へと発展することもあります。そこで、貿易黒字を縮小させる政策として、**内需拡大**というものが一般的な政策としてあげられます。

これは、ISバランス式ではなく、有効需要の原理から導出される、国民所得(Y)＝総需要(Y^D)の式から説明することができます。

国内での需要分を内需として式を整理します。

国民所得(Y)＝消費(C)＋投資(I)＋政府支出(G)＋輸出(X)－輸入(M)

　　　　　　　　　内需（国内での需要分）　　　貿易収支（外需）

より、消費、投資、政府支出をまとめて「内需」としてしまいます。

　　国民所得(Y)＝内需＋貿易収支

今度は、内需を左辺に移項すると、以下の式が完成です。

> **Key Point**
>
> 　　国民所得(Y)－内需＝貿易収支

内需と貿易収支

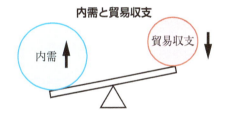

この式からいえるのは、内需が上昇すれば左辺は小さくなるので、右辺の貿易収支も減少するということになります。

> **練習問題**
>
> 　財市場において、民間貯蓄が200、政府支出が100、租税が90、貿易・サービス収支が40とすると、民間貯蓄と民間投資のバランスに関し、ISバランス式にもとづく結論として正しいものは、次のうちどれですか。
> 1．貯蓄超過で超過額は20
> 2．貯蓄不足で不足額は110
> 3．貯蓄不足で不足額は80
> 4．貯蓄超過で超過額は50
> 5．貯蓄と投資は等しい
>
> （裁判所事務官　改題）

【解説】

　まず、試験会場でISバランス式を用意して、数字をあてはめる作業を行います。

　問題では、貿易収支を「貿易・サービス収支」という名称を使っていますが同じものです。

　　（民間貯蓄－民間投資）＋（租税－政府支出）＝貿易・サービス収支

として、与えられた数値を代入します。

　　$(200 - I) + (90 - 100) = 40$ となります。

　これを計算すると、$I = 150$ になります。

　問題では、貯蓄超過か貯蓄不足なのかが問われているので、ISバランス式の（民間貯蓄－民間投資）だけをピックアップして計算することになります。

　民間投資 $I = 150$ で財市場が均衡することになり、民間貯蓄200－民間投資150＝貯蓄超過50です。

　したがって、**正解は 4** です。

ISバランス式を覚えていれば暗算でもできそうですね。

Unit 09

経済はとても不安定

財市場分析（45度線分析）⑤
完全雇用を達成させる！

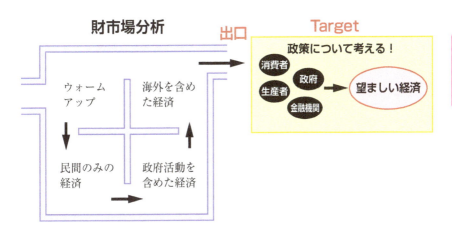

このUnitでは、財市場分析で学んだツールを使って、どのような経済が望ましいのかを考察していきます。

マクロ経済学の最初のテーマであった失業の解消について、あらためて、これらのツールによって経済理論的な説明をしていきます。

1 総需要(Y^D)と総供給(Y^S)のグラフ（民間のみのケース）

国内の民間のみのマクロ経済モデルをこのUnitではグラフにしていきます。

最初に、総需要（Y^D）のグラフを導出します。民間のみの経済では、総需要（Y^D）は消費（C）と投資（I）からなるので、それぞれのグラフを描いていきます。

作業1　国民所得（Y）と消費（C）の関係

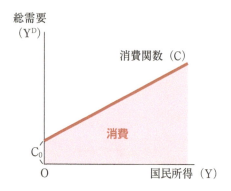

消費関数を描きます。まず、消費関数（C）は、所得（Y）がゼロの状況でも基礎消費（C_0）分の消費が行われます。その後は、所得の増加にともなって消費も増加するような関数になります（経済学のグラフは、こうした消費関数が右上がりになるという点が重要になります）。

消費関数のグラフも所得に応じて増加するように描くんだね。

作業2　消費（C）に投資（I）を足し算します。

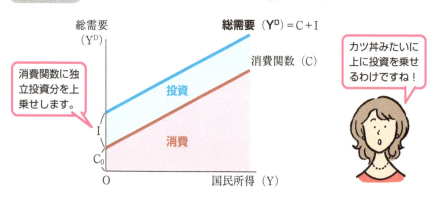

投資関数は所得に依存しない独立投資を扱います。投資は一定の値なので消費関数に足し算すると、ちょうど上方に平行移動したような図になります。これが、民間のみの経済における総需要（Y^D）＝消費C＋投資Iのグラフになります。

作業3　総供給（Y^S）のグラフ

次に、総供給（Y^S）をグラフにします。これは次の図のように**45度線**で描かれます。この45度線になるというのは、横軸と縦軸が同じ大きさになるという性質を

意味します。つまり、線上ではどこでも**生産の大きさと所得の大きさがイコール**になっていて、常に総供給（Y^S）＝国民所得（Y）が成立します。

さらに、45度線にする理由は、有効需要の原理より需要サイドに国民所得決定の主導権を握られているので、総供給（Y^S）は、単に総需要の水準まで供給を合わせるだけのもので、結果として総供給（Y^S）＝国民所得（Y）になるにすぎないからです。

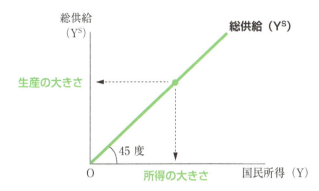

※財市場分析において、総供給（Y^S）が45度線で描かれることから、財市場分析のことを**45度線分析**ともいいます。

作業4　総需要（Y^D）と総供給（Y^S）のグラフ

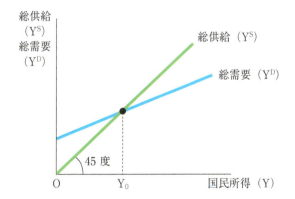

総需要（Y^D）と総供給（Y^S）のグラフを同時に描くことによって、国民所得（Y）の水準を求めることができます。

現在は、Y_0の水準に国民所得があったとします。以下で、この水準は有効需要の増加にともなってどのように変化するのかをみていきます。

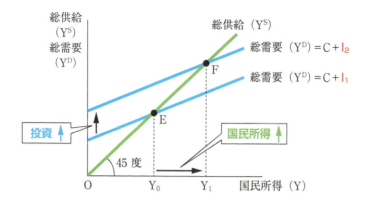

　経済が Y_0 の状態から、投資が増加した場合（I_1 から I_2 へ上昇）、総需要（Y^D）のグラフは上昇します。

　45度線で描かれた総供給（Y^S）は需要の大きさに合わせて生産を行うだけなので、投資の上昇に伴う総需要（Y^D）の増加にあわせて生産も増えていきます。

　その結果、均衡点はE点からF点へ移動し、国民所得も Y_0 から Y_1 へ増加することになります。

計算でやったことが、今度はグラフでも説明できるんだ。

確かに、グラフをみても、投資の大きさよりも国民所得の大きさのほうが大きくなっているね。

2 デフレ・ギャップとインフレ・ギャップ

　有効需要を増加させることが経済を牽引させることになりますが、いくらでも需要を大きくさせればよいというものではありません。

　確かに、失業が発生している経済では有効需要の増加が必要ですが、逆に、好景気で、人手不足が発生している状態では有効需要を減らす必要があるはずでしょう。

　そこで、「経済にはどれくらいの有効需要が必要となるのか」という目標の水準を定める必要があります。

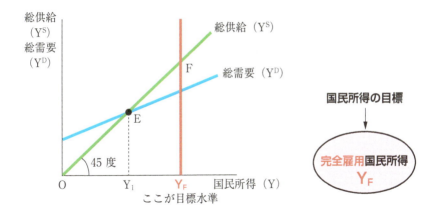

　今、可能な限りで生産した場合にどれくらいになるのかを考えます。いいかえれば、生産設備がフル稼働で、働きたいと思っている人がすべて働いているような状況を**完全雇用**といい、その状況が可能な生産を実現できるわけです。そして、この完全雇用が達成されたときの国民所得の水準を**完全雇用国民所得**といい、Y_Fで表すことになります。たとえば上図でいえば、需要と供給が一致している国民所得の水準Y_1は完全雇用国民所得に満たないので、失業が発生している状態になっていることがグラフ上でわかります。

完全雇用！　これがケインズが目指した経済ですね。

でも、完全雇用の水準に経済をドンピシャに合わせるのって難しくないですか？

状況1　デフレ・ギャップ

　完全雇用国民所得に満たない経済について考えていきます。まず、次の図のようにY_0にある経済は完全雇用に満たない不均衡な状態になっています。その原因は、総需要（Y^D）-1から総需要（Y^D）-2だけの有効需要の不足分が発生しているためであり、この不足分を**デフレ・ギャップ**といいます。デフレ・ギャップがある経済を具体的にいえば、100個つくれる供給能力がある工場が50個しかつくっていないような状況（このような供給設備に空きがあるものを「遊休設備」といいます）だったり、働きたいのに働けない**非自発的失業**が出ていることになります（現行の給料

が安くて働きたくないという失業者を自発的失業といいますが、現行の給料で働きたいけど働けない失業者を非自発的失業といいます。詳しくはUnit 16で扱います)。

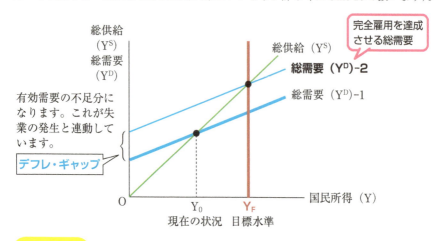

状況2　インフレ・ギャップ

今度は Y_F を超えた経済について考えてみましょう。Y_F を超えるというのは、生産設備がフル稼働して供給した以上の需要があるという状態です。それでも、みんなが「ほしい、ほしい」という状態では物価は当然に上がっていくはずです。この考え方をあてはめた需要＞供給である Y_2 にある経済では**インフレ**（**物価上昇**）が生じることになります。

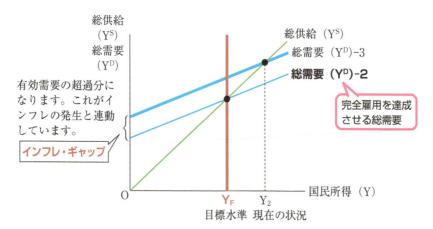

上図のように完全雇用国民所得を超えてしまうような有効需要の超過分を**インフレ・ギャップ**といいます。また、図中では Y_F を超えた水準で国民所得 Y_2 が実現で

きていますが、これはあくまで名目（外見上）の水準であって、実質でみるとY_Fを超えることができないのです。

実質国民所得というのはモノで測った国民所得なので、Y_Fを超えた経済では物価が上がるようになります。

> **Key Point**
>
> $$\frac{名目国民所得}{物価（P）} = 実質国民所得$$

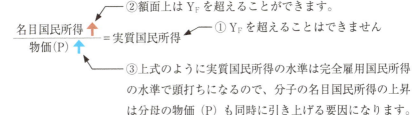

「実質」ってモノで測った大きさだから、モノの値段も同時に上昇すれば大きくならないんだよね。

> **Key Point**
>
> 現実の経済が、望ましい経済の水準（完全雇用国民所得）と比較して乖離がある場合、有効需要の不足分をデフレ・ギャップといいます。有効需要が超過している場合はインフレ・ギャップが生じています。

> **練習問題**
>
> 次の図は縦軸に消費Cおよび投資Iを、横軸に国民所得Yをとり、完全雇用国民所得をY_0、総需要$Y^D = C + I$のときの均衡国民所得をY_1で表したものです。今、$Y_0 = 700$、$C = 40 + 0.6Y$、$I = 200$であるとき、完全雇用国民所得Y_0に関する記述として妥当なものはどれですか。

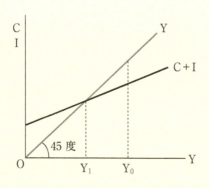

1. 40のインフレ・ギャップが生じています。
2. 100のインフレ・ギャップが生じています。
3. 40のデフレ・ギャップが生じています。
4. 100のデフレ・ギャップが生じています。
5. 140のデフレ・ギャップが生じています。

（地方上級　改題）

【解説】

問題ですでにグラフが与えられていて、均衡国民所得 Y_1 の水準が完全雇用国民所得に満たない水準なので、デフレ・ギャップが生じていることがわかり、この段階で選択肢3か4か5に絞り込めます。

完全雇用国民所得が Y_F でなく、Y_0 で表示されている。試験の問題によって、使う文字や記号が違うことがあるから、要注意ね。

問題文のマクロ・モデルを整理して現在の国民所得の水準（Y_1）がいくらになるのかを計算します（この問題では政府がなく、民間のみの経済になっています）。

$Y = C + I$ より

$Y = 40 + 0.6Y + 200$　　（与えられている数値を代入します）

$Y - 0.6Y = 240$　　　　　（Y の項を左辺へ移項します）

$0.4Y = 240$

$Y = 600$　（Y_1 の均衡国民所得の水準）

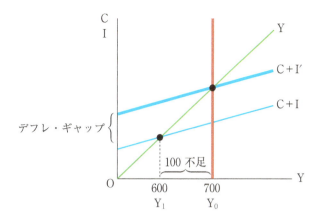

完全雇用国民所得が700なので、現在は国民所得が100の不足になっています。そこで、限界消費性向から投資乗数をつくり、方程式を用意します。

$$100 = \frac{1}{1-0.6} \times デフレ・ギャップ$$
$$100 = 2.5 \times デフレ・ギャップ$$
$$デフレ・ギャップ = 40$$

デフレ・ギャップ分の投資を増やせば完全雇用国民所得が達成できるわけですね！

40の有効需要が不足していることになり、これがデフレ・ギャップになります。したがって、**3が正解**になります。

3 総需要管理政策

　政府は裁量的な政策手段を使い景気を刺激する対策を実施します。それは、有効需要をコントロールすることにより経済を安定化させることを目標にしていることから**総需要管理政策**といい、具体的には次のようなものがあります。

　たとえば、国民所得が次図のように Y_1 でデフレ・ギャップにある場合は、政府支出の増加や減税などによる**拡張的な財政政策**によって完全雇用国民所得（Y_F）の実現をめざすことになります。

　また、国民所得が Y_2 でインフレ・ギャップにある場合は、政府支出の減少や増税による**引締的な財政政策**によって完全雇用国民所得（Y_F）を達成させることになります。

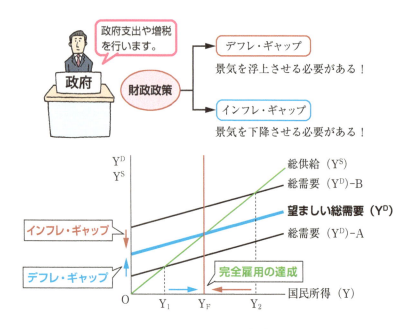

デフレ・ギャップ、インフレ・ギャップにある経済の状況と、その時に必要となる財政政策（総需要管理政策）についてまとめます。

Unit 10 貨幣市場分析① 今のお金と、将来のお金

現在の価値に換算して、本当の価値を見出します。

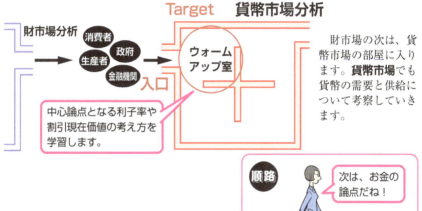

1 利子率（r）とは何か？

　利子率という言葉を聞いて、まったく初めての言葉だという人はほとんどいないでしょう。銀行に行って預金をすれば、利子率（または金利）が付きます。たとえば、100円を預金して、その時の利子率が20％なら、来年には120円になるというイメージができるでしょう。

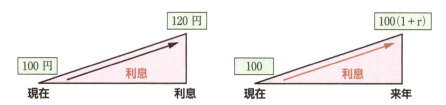

利子率は、rate of interest なので、頭文字をとって r や i という記号で表されます。利子率を r として現在の 100 円と来年の 120 円を式で表すと次のようになります。

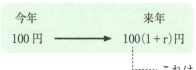

これは、100×(1+利子率)ということです。

利子率が 20 % = 0.2 ということなので、100×0.2 = 20 円が利息になります。

100 円あたり 20 円の利息が生まれます。

利子率が 20 % の場合、上式に 0.2 として r にあてはめます。すると、

$$100 \times (1 + 0.2) = 100 \times 1.2 = 120$$

現在の 100 円は来年には、120 円になります。

（1＋r）って、1 年後には元本＋利息になるという計算ですね。

この利子率というのは、金融機関にお金を預け入れたというお礼としてのお金ではありません。この利子率が発生するまでに**時間が経過**していることに注目する必要があります。

つまり、100 円というお金自体が突然に 120 円に化けるのではなく、時間経過にともなって形成されたものです。来年には現在の 100 円に 1.2 をかけ算することなり、2 年後には、それにさらに 1.2 をかけ算することになります。

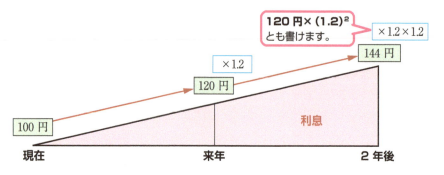

120 円×(1.2)² とも書けます。

それでは、なんでもかんでも家にあるものを銀行に持っていけば利子率が付くのかといえば、そういうことはないこともご承知でしょう。たとえば、経済学の本を借りた場合も貸す場合も利子率を支払う必要はないはずですし、そもそもまったくアカの他人からモノの貸し借りはしない思います。

　しかし、お金というものは違います。まったくのアカの他人でも即時に取引に利用できる不思議な財なのです。

　しかも、お金を持てばそれを「いらない！」という人は存在しないのです（たしかに、経済学の本ならいらないという人は多数いるはずです）。こんな便利な財なので、このような有用なものを借りるのにタダというわけにはいきません。そこで、**借り賃**みたいなものとして「利子率」をイメージすることもできるでしょう。

金も銀も宝石もみんな欲しがるはずだけど、お金は断然、使い勝手がいいよね。

みんながほしがる！
（もっとも便利な財）

さすがに金塊を財布に入れるわけにもいかないし、究極の便利な財ですね、お金は。

2　割引現在価値

　今度は少し異なった見方で現在の100円と利息が加わった来年の120円を考えます（利子率は20％とします）。

　現在の100円と来年の100円はどちらが価値があるのか考えてみましょう。もちろん、今、受け取る100円のほうが、1年間も待って来年受け取る100円より価値は高いはずです。もし、1年も待たなければならないのなら、100円を受け取る際に利息を加えた120円を受け取れるのなら同等の価値だと考えるでしょう。

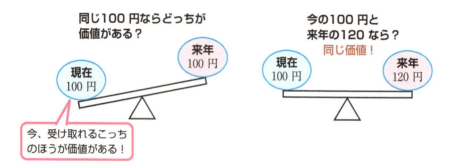

　1年後に受け取るお金、2年後に受け取るお金…その期間が長ければ長いほどだんだん価値がなくなっていきます。そのため、多くの利息をプラスさせる必要があるでしょう。そこで、逆に「将来に受け取るお金をもし現在受け取るとしたらどれくらいの価値になるのか」を考えていきます。

　このような計算を考えるうえで必要になる考え方が**割引現在価値**というもので、これは将来に得るお金を**現在に換算した価値**を表し、以下のような手順で求められます。

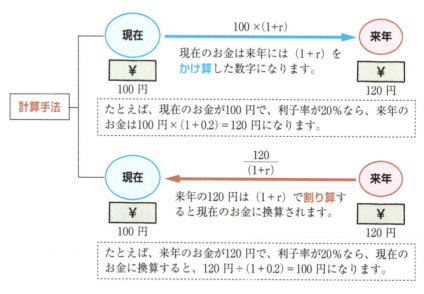

　次に、来年、2年後の100円というお金を現在の価値に換算（「**割り引く**」といいます）していきます。

　たとえば、来年の100円を今のお金に換算するといくらになるのかを計算しますが、将来のお金は現在のお金にすると額面どおりの価値がなく、利子率で割り引い

た低い金額になります。

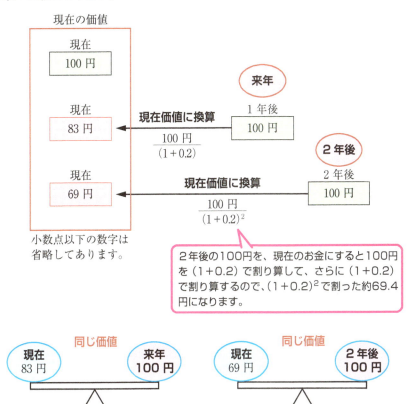

このような割引現在価値の考え方で、時間経過を考慮した実際の価値を確認することが可能になります。

3 投資決定と割引現在価値

将来に受け取るお金といえば、その代表が投資による収益です。

生産者が投資の意思決定を行う理由は、さまざまなものがあると思いますが、それが会社の信用目的であろうが、社会貢献であろうが、決して損をするための投資は行わないと考えるのが一般的でしょう。

つまり、生産者が投資を行う場合は、まず第1にその投資によって儲けが出るように計算することが必要です。

生産者が投資案を考えたとき、利益の計算は、投資によって実現される収益からその投資を実行したときのコスト（費用）を差し引くことになりますが、この両者は**時間が一致していません**。

　コストは今、支払うのに対して、収益は投資を行いそれが稼働してようやくお金になるものです。そのため、投資の収益に関しては現在の価値に割り引く必要が生じてきます。

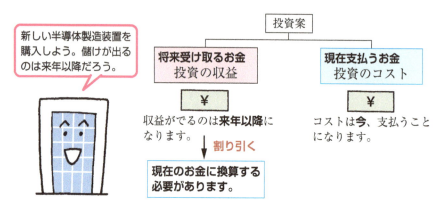

　投資の収益は、その機械や建物が稼働して収益をもたらす間の数年間、すべての収益を合計して金額を求めていきますが、それぞれの年度に応じて割り引いていくことになります。つまり、投資を実行してもあまりに遠い将来の収益なら、それはとても小さなお金になっていきます。どのように計算するのかは、次の練習問題で確認していきましょう。

> **Key Point**
>
> 投資の意思決定
> 　　**投資案の収益の割引現在価値＞投資のコスト**
> が満たされれば、投資実行

投資を行っても、その収益が、10年先、20年先とかだったらあまり意味がないということだね。なんせ費用は今、払わなければならないんだし。

> **練習問題**
>
> ある企業の今期のプロジェクトとして、次の①、②の実行が検討されています。利子率を15％としたとき、実行されるプロジェクトはどれですか。
> ① 50億円を投資し、1年後に限り60億円の収益を得る案件。
> ② 40億円を投資し、2年後に限り90億円の収益を得る案件。
> **1.** ①のみ　**2.** ②のみ　**3.** ①、②両方　**4.** 該当なし
>
> （国税専門官　改題）

【解説】

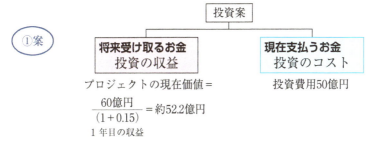

利子率が15％なので、来年に入るお金である60億円を$(1+0.15)$で割り算することによって、現在の価値にすることができます。

投資のコストは50億円なので、投資の収益の割引現在価値のほうが大きく、投資は実行されます。

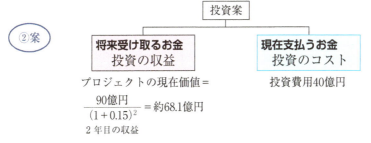

「2年後に限り」と指示されているので、2年後の収益である90億円を$(1+0.15)^2$で割り算することによって、現在の価値にすることができます。投資のコストは40億円なので、投資の収益の割引現在価値のほうが大きく、投資は実行されます。

割引現在価値の計算は小数も出てきますが、この問題では40億円よりも大きくなるかどうかだけがわかればよいので、小数点以下の計算までする必要はありません。① 案、②案のどちらの投資案も採用されるので、**3が正解**になります。

Unit 11

今や貨幣はデジタル・データの時代

貨幣市場分析②
どうしてお金を持っているのか?

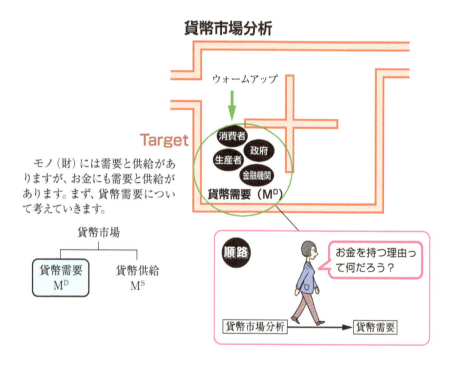

1 お金の役割

　財市場の分析では、モノがほしいという「需要」という考え方をとりあげましたが、お金に対しても「需要」という見方を設定する必要があります。

　お金というものをみたことがないという人はいないでしょうし、便利なモノとして持っている（需要している）はずです。

　「お金」という財はとても特殊なものです。人類の歴史とともにさまざまな財が「貨幣」という地位になりました。たとえば、貝殻や骨、石、サラリーの語源となっ

ているともいわれる塩（salt）。現在は紙、つまり印刷物になっているいっぽうで、電子マネーのような一種のデジタル・データにもなっています。

お金というものは、誰でも欲しがるものなので、金貨や銀貨のように貴金属として、それ自体が価値を持つような場合もありますが、貨幣の地位を得るためには優れた財産価値よりむしろ、印刷物やデジタル・データのような使いやすさ、持ち運びに便利、腐らない、大量に生産することが可能なことなどの条件が重要になってきていることが考えられるでしょう。

そして、現在の紙幣は、Unit 13で詳しく説明しますが、発行量が非常にコントロールしやすい財です。なぜ現在、このような財が「貨幣」として選ばれたのか？　この貨幣市場での学習によってその考え方の糸口を探っていきます。

お金の歴史って変遷が激しいですね。貴金属、塩、石、紙、今は電子マネーですか!!

まあ、お金っていうのは、そのものの価値ではなくて、人々がそれが「お金」だって認めるかどうかなんだよね。そのときどきでいろいろな「お金」が誕生するんだよ。

2 貨幣の機能

貨幣を持つことによってどのような有用性があるのか？　どのように生活に役立っているのか？　その貨幣の機能について考えてみましょう。

①交換をするための手段としての機能

貨幣というものが存在しない社会を想像してみましょう。貨幣がなければ欲しいモノを手に入れるのに物々交換をしなければなりません。しかし、物々交換にともなう取引は膨大な**取引費用**がかかります（取引費用というのは、たとえばイチゴを買おうとしたときに、たくさんある八百屋やスーパーに行って自分の欲しいイチゴを探し出し、それを売る人といつ、いくらで購入できるのかという交渉を行う労力、そして自宅から店までの往復の交通費、それだけでなく支払いまでの列の待ち時間や交通機関を利用したときの待ち時間、買い物袋を持って移動する手間などもかかっています。つまり、取引にはイチゴそのものの購入、つまり価格以外のコストが取引費用となって発生しています）。

しかし、貨幣という誰もがその価値を認めたモノであればそれを介して取引費用をかなり節約できます。また、腐ることもなく、簡単に持ち運びができれば取引量

も増え、貨幣があれば商業も発達していきます。

　貨幣が存在しない世界では、取引が困難なため、多くの生活に必要なモノを自給自足によって自分でそろえなければなりませんが、貨幣が存在していれば、交換によって必要な財をそろえることが可能なので、自分の得意なことを仕事にして専念することができます。さらにそこで得た貨幣をもとに、新しいモノも購入も追加して購入できるので、生活も豊かになるでしょう。貨幣の特徴として、貨幣を受け取ることを誰も拒まないことから容易に交換できる性質をもっているので、これを経済学では少し難しい言葉で、資産のなかでもっとも**流動性**が高い財と考えます。

　交換手段としての貨幣の機能は、**流通手段**、**決済手段**や**支払手段**ともよばれます。

顔見知りの人との物々交換ならなんとかなりそうだけど、知らない人との物々交換ってすごくたいへんそうです。

その点、貨幣だったら、持ち運びも便利だし、タンスにしまっておけるし、いつでも誰とでも取引で使えますね。

②価値を保蔵するための手段としての機能

　超有名店のスイーツなら、誰しも受け取ることを拒まないかもしれないので、ひょっとすると「貨幣」として地位が得られるかもしれません。しかし、高級スイーツが貨幣になれない理由はすぐに消費しないと価値が減少してしまうからです。

　たとえば、貨幣を持つということは、それと同時に財（価値）を蓄えることです。高級スイーツがその金額の価値を保蔵できないのは、腐ったり蒸発してしまったりするものだからです。もし、高級スイーツを貨幣としようと決めても、その市場では減価しない別の財を貨幣として使おうという流れになっていくでしょう。

　ただし、インフレーションのときには、その貨幣でどれくらいのモノが買えるのかという購買力が低下してしまうので、貨幣は常に価値保蔵できるとは限りません。

インフレーションが激しい国で働いている人は、給料をもらったらすぐに金（Gold）と交換するって聞いたことがある！

金や銀のほうがそれ自体に不変の価値があるからね！

③価値尺度としての機能

　財は、貨幣と交換ができるので「価格」という共通の尺度によって表現することが可能になります。

以上のように、貨幣の機能は①交換手段、②価値保蔵手段、②価値尺度という 3 つに分類できます。

3 お金を持つ根拠は？　貨幣需要 (M^D) の動機 (1)

貨幣市場にも需要と供給があり、本書では貨幣需要を M^D（Money Demand）、貨幣供給を M^S（Money Supply）と表記します。「貨幣需要の動機」というのは、簡単にいうと貨幣を持つ理由のことで、理由がなくなれば貨幣は手放されてしまうでしょう。

貨幣需要の動機は次の 3 つが考えられます。

取引的動機

給料をもらってそれを支出にあてることになりますが、収入と支出のタイミングが完全に一致した場合、つまり給料をもらった日に次の給料日までの支出をすべて完結できるのであれば、お金を持つ必要はありません。しかし、そんな人はまずいないでしょう。通常は、給料をもらって、お金を財布に入れたり銀行に預金したりして、その後に買い物をしたり、家賃を支払ったり、日々の取引に応じてそのお金を支出していくはずです。

こうした日常の取引を行うために貨幣を持っている場合、経済学的ないい方をすれば「貨幣を需要している」状態であり、日常の取引をするために所有している貨幣のことを**取引的動機に基づく貨幣需要**とよびます。

このような貨幣需要は、所得（Y）の水準が大きいほど、取引に備えて持っているお金も大きいので、所得の大きさに依存すると考えられています。

予備的動機

財布のなかには、上記のような取引に使うためのお金だけでなく、前もって知ることができなかったような事態の発生に備えて少し余分に持っているお金も入っているはずです。そのような不意の支出に備えて持つ貨幣を**予備的動機に基づく貨幣需要**といい、この貨幣も所得（Y）が多くなれば増えると考えられています。

取引的動機に基づく貨幣需要と予備的動機に基づく貨幣需要はどちらも**所得（Y）に依存する関数**（**所得が上昇すると**取引動機に基づく貨幣需要も増加する）として L_1（エルワン）として分類され、

$$L_1 = L_1(Y)$$

という関数で表されます。

投機的動機

貨幣を持つ場合、上記の2つは財布のなかに入っているお金のイメージでしたが、それ以外にお金を置いているような場合があります。たとえば、今度はタンス預金を考えてみましょう。銀行に預ければ利息が発生するのに、どうして利息がないタンスにお金を蓄える必要があるのでしょう？

このような資産として貨幣を所有する場合、タンス預金のように**貨幣のままで持っている**場合と**債券**を購入して持つ場合の2つに分類します。

債券を購入した場合、それを保有していることで毎年、一定の利息をもらうことができます。

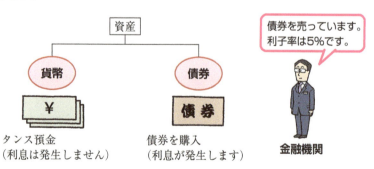

しかし、資産を債券で持っている場合、利息は毎年もらうことができても、債券の市場価格が下落するとキャピタル・ロスが発生する危険性があるのです。

TOPIC

利息(インカム・ゲイン)とキャピタル・ゲインについて

　資産運用をするときに、ある資産を保有することで継続的に受け取ることのできる現金収入のことを一般的に**インカム・ゲイン**(income gain)といいます。銀行預金や債券の利息などがそれに該当します。

　いっぽう、**キャピタル・ゲイン**(capital gain)というのは、保有していた資産の価格が変動することによって得られる収益のことをいいます。たとえば、債券価格は変動しているので、価格が安いときに購入して、高くなった時に売却して得られる値上がり益がキャピタル・ゲインになります。キャピタル・ゲインは、保有している資産の価格が値上がりすることによって得られる収益なので、高くなると予想して買うことが前提となります。

　逆に、将来の情勢が変化するなどして、債券価格が反対に値下がりしてしまった場合、そこで売却すると損失が発生することになります。これはキャピタル・ゲインの反対の言葉である**キャピタル・ロス**とよばれるものです。

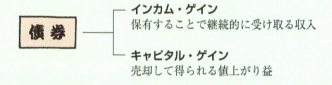

債券
　― インカム・ゲイン
　　保有することで継続的に受け取る収入
　― キャピタル・ゲイン
　　売却して得られる値上がり益

　資産を有利に運用しようとして、債券を購入しても価格が下落すると予想されるときには、債券の所有者はその債券を売って貨幣に換えることになるでしょう。つまり、資産として貨幣を持つことになります。

債券購入の意思決定

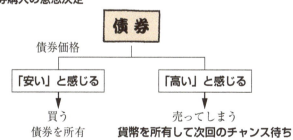

債券価格
「安い」と感じる　　　　「高い」と感じる
　買う　　　　　　　　売ってしまう
債券を所有　　　貨幣を所有して次回のチャンス待ち

　債券価格がたとえ1万円でも、数か月後に2万円になると予想されるのなら「安い」と感じて購入するでしょう。逆に、500円でも数か月後に200円になるようでしたら「高い」ということになり、購入は見送られます。

本来であれば、債券でもっていたほうが有利に資産運用できるんだけど、値下がりが予想されるような場合には、貨幣としてタンス預金にしておくほうがよいってことだね。

「儲かる！」よりも「損をしない！」を選択するわけですね。

4 債券価格の計算　貨幣需要（M^D）の動機（2）

それでは、次にこの「高い」か「安い」かという債券価格がどのように決まるのか、その計算を考えていきます。

作業1　債券ってどのようなものか？

債券といっても、いろいろ種類があります。一般的なケースで説明すると、額面金額、償還（満期日）、利息などに債券ごとに相違があって購入者は自分の運用にあったものを選ぶことになるでしょう。

債券
額面金額
100円

購入と満期日
額面金額100円につき98円などで割引価格で購入して、5年、10年などの一定の保有期間を経て償還（満期日）するときには額面100円が返ってきます。

利息
償還期間までは定期的・継続的に利息が発生します。利息は**額面金額×年率（利子率）**となり、償還期間が長いほど年率は高くなります。また、購入者はその期間に売却しても構いません。

作業2　コンソル債券（永久確定利付き債券）

さまざまな債券のなかで、債券価格の決定メカニズムを説明しやすいものが**コンソル債券**（永久確定利付き債券）という種類のものです。この債券は償還期間がなく、**永久に償還しない債券**です。つまり、所有している限り永久に利息が発生するものになります。

コンソル債券は、永久に利息がもらえるので、利息の合計金額がそのまま債券価格になります。無限に利息がもらえるとしても、債券の価格が無限になるのではなく、Unit 04で説明した無限等比級数の考え方を使うと明確な形で価格が求められます。その計算をしていきましょう。

まず、1年ごとにもらえる利息をA円とした場合、次の式が導出できます。

A円は毎年受け取る利息（収益）ですが、あくまで将来のお金であり、現在の価値に換算する必要があるので、割引現在価値の計算を行わなければなりません。（債券価格をS、利子率をrとします）

また、計算式が**無限等比級数の和**になっているので、Unit 04 にある公式にあてはめて計算します。

作業3　無限等比級数の和の計算（Unit 04 を参照）

無限等比級数の和の計算で必要になるのは、初項と公比だけです。ただし、実際に試験会場でこの計算をしなければならない状況になることはないので、途中計算は参考程度にして結論だけをみてみましょう。

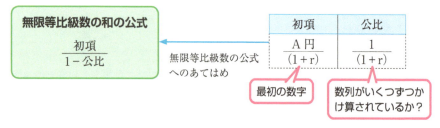

(参考として、計算をしていきます)

債券価格(S) =

$$\frac{初項}{1-公比} = \frac{\frac{A 円}{(1+r)}}{1-\frac{1}{(1+r)}} = \frac{\frac{A 円}{(1+r)}}{\frac{1+r-1}{(1+r)}} = \frac{A 円}{(1+r)} \div \frac{1+r-1}{(1+r)}$$

$$= \frac{A 円}{\cancel{(1+r)}} \times \frac{\cancel{(1+r)}}{1+r-1} = \frac{A}{r} 円$$

分数の割り算は、逆数のかけ算になります。

途中計算は難しいのに、結果はなんだかめちゃくちゃ簡単になりましたね！

このように、債券価格（S）は利息（A）を利子率（r）で割り算した簡単な形になります。

Key Point
$$債券価格(S) = \frac{利息}{利子率}$$

たとえば、毎年もらえる利息が 500 円で、利子率が 5％の場合では、

$$債券価格(S) = \frac{500 円}{0.05} = 10,000 円$$

このような単純な計算のみで、債券価格は 10,000 円になります。

作業 4　利子率と債券価格の関係

　債券価格は、利息（A）円を利子率（r）で割り算したものなので、利子率が変化をすれば債券価格も高くなったり安くなったりします。次のようなメカニズムが考えられます。

①利子率が上昇すると、債券価格は下落します。

　利子率が上昇すると分母が大きくなるので債券価格は下落します。つまり、利子率の上昇と債券価格の下落は表裏の関係になります。

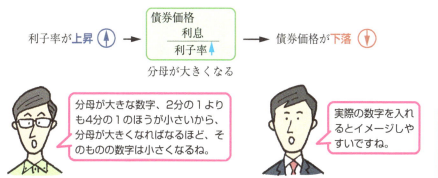

②利子率が下落すると、債券価格は上昇します。

　また、利子率が下落すると分母が小さくなるので債券価格は上昇します。このように利子率と債券価格はあべこべで反比例の関係になります。

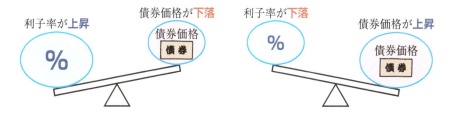

作業5　債券価格と投機的動機に基づく貨幣需要

　利子率が低くなるほど、債券価格が上昇します。つまり、利子率が下がるほど、すでに保有していて売る側にはキャピタル・ゲインが獲得できると思われ、売りの圧力が高まるでしょう、また、購入する側にとっては割高の債券はキャピタル・ロスを招く恐れがあります。そこで、債券購入は見送られ、貨幣として保有（タンス預金のように）しておき、また利子率が上昇するような機会まで待つことになるはずです。

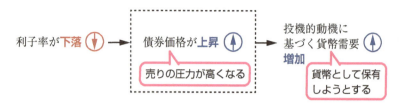

利子率が下がるほど債券よりも貨幣が選好されるようになります。このような資産として所有する貨幣を**投機的動機に基づく貨幣需要**といいます。

いっぽう、利子率が上昇する場合に関しても言及すれば、利子率の上昇は債券価格の下落を誘発するので、貨幣としての需要は減少します。

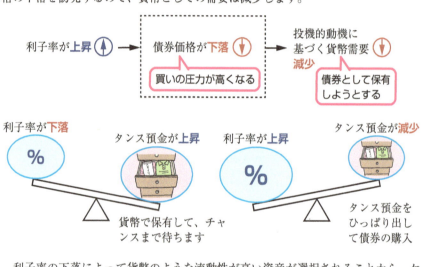

利子率の下落によって貨幣のような流動性が高い資産が選択されることから、ケインズは利子率と投機的動機に基づく貨幣需要の関係を**流動性選好説**とよびました。

そして、この投機的動機に基づく貨幣需要は利子率に依存することから L_2（エルツー）とよばれ、

$$L_2 = L_2(r)$$

という関数で表されます。

> マクロ経済学って、なんだかいろいろなモノが関係し合っている感じがある！

Key Point

取引的動機に基づく貨幣需要、予備的動機に基づく貨幣需要は所得（Y）の関数となり、投機的動機に基づく貨幣需要は利子率の関数になります。

> **練習問題**
>
> 貨幣需要に関する次の記述で妥当なものはどれですか。
> 1. 利子率が上昇すると投資意欲の低下に伴う不景気が予測されるため、債券の価格は上昇する関係にあります。
> 2. 取引的動機による貨幣需要は利子率に依存する関数であり、投機的動機による貨幣需要は所得に依存する関数です。
> 3. 将来の不測の事態に備えるための貨幣需要は予備的動機による貨幣需要とよばれ、主として利子率に依存するとみられています。
> 4. ケインズの流動性選好理論によると、現行の利子率が将来実現するであろう利子率に比べて低い場合は、債券価格は現在高くて将来的な下落が予想されるため、現在の貨幣の資産需要は大きくなります。
> 5. 額面がA、利息が額面に対して年率0.1％の場合で永続的に支払われるコンソル債券について、利子率が5％の場合、その割引現在価値は $\frac{A}{22}$ で表されます。
>
> （国家Ⅱ種　改題）

【解説】
1. ×　利子率が上昇すると、債券価格は低くなります。
2. ×　取引的動機による貨幣需要は所得の関数であり、投機的動機による貨幣需要は利子率の関数です。
3. ×　予備的動機による貨幣需要は所得の関数です。
4. 〇　現行の利子率が将来実現するであろう利子率に比べて低い場合は、債券価格は割高な状態で、今、購入するとキャピタル・ロスを発生させる可能性があります。そのため、債券を購入するのは不利であり、貨幣として所有しようと思うはずです。
5. ×　問題文の数値を使ってコンソル債券の価格を求めます。
   ①コンソル債券の利息＝額面×年率＝0.1A
   ②利子率＝0.05を下式にあてはめます。
   コンソル債券の価格 ＝ $\frac{①利息}{②利子率}$ ＝ $\frac{0.1A}{0.05}$ ＝ 2A
   となります。

以上より、**4が正解**です。

Unit 12 貨幣市場分析③
手品でもないのに本当にお金は増えているの?
お金は「見かけ上」は増える!

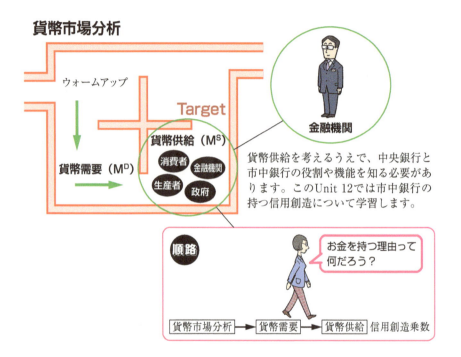

1 経済全体のお金の量

　これから学習する**貨幣供給**(M^S)というのは、経済に出回っているお金の総量をいいます。従来は貨幣供給というのは「**マネーサプライ**(Money Supply)」という言葉で説明されていましたが、2007年にゆうちょ銀行が国内銀行として扱われるようになったことや、金融商品の種類が増えている状況をふまえて、現在では「**マネーストック**(Money Stock)」(「通貨残高」として使われることもあります)として、貨幣供給量が統計として公表されるようになっています。

貨幣供給（M^S）というのは、当然に世のなかに出回っているお金のことなので、財布のなかに入っている小銭やお札のことになりますが、普通預金や当座預金もこれに含まれます。
　預金というと、ATMから現金として引き出して使うイメージですが、実際には預金があればクレジットカードを使ったり、電子マネーを利用したり、口座引落しや口座振込み、当座預金であれば小切手・手形という形で、預金であるけれどお金と同様に直接、支払うことのできる手段にもなっています。ただし、預金のすべてがお金として支払手段として使えるのではなく、定期預金のようにそのままでは振込みや送金したり、ATMからの引落しはできないけれど、解約さえすれば普通預金や当座預金に振替えてすぐにお金として使えるものもあります。こうした定期預金のように、お金として使う場合に一定の手続きが必要な預金は、**準通貨**といういいかたをします。

《参考》お金の範囲について

　貨幣供給といっても、預金には種類があるのでどの範囲までの預金を貨幣に含めるかによってM1（エムワン）、M2（エムツー）、M3（エムスリー）、広義流動性に分けられます。

| **M1** | … | 現金通貨＋預金通貨（要求払い預金） |

（範囲：預金通貨の発行者は、全預金取扱機関になります）
　※要求払い預金とは、預金者の請求に応じてただちに払戻される預金です。

| **M2** | … | 現金通貨＋預金通貨＋準通貨（定期預金など）＋CD（譲渡性定期預金） |

（範囲：**預金の預け入れ先が次の金融機関に限定されています**：日本銀行、国内銀行（除くゆうちょ銀）、外国銀行在日支店、信用金庫・信金中金、農林中央金庫、商工組合中央金庫）
　※CD（譲渡性定期預金）は他人に譲渡できる定期預金をいいます（一般的な定期預金は担保や証拠金として銀行に預けているもので、預金者の一存では解約できないようなケースもあります）。

| **M3** | … | 現金通貨＋預金通貨＋準通貨（定期預金など）＋CD（譲渡性定期預金） |

（範囲：預金通貨の発行者は、全預金取扱機関になります。M2と預金の範囲は同じですが、M3はすべての預金取扱機関が対象となります）

| **広義流動性** | … | M3＋金銭の信託＋投資信託＋金融債＋銀行発行普通社債＋金融機関発行CP＋国債＋外債 |

Unit 12　貨幣市場分析③　お金は「見かけ上」は増える！　**145**

(範囲：M3に、何らかの「流動性」あると考えられる金融商品を加えた指標になります。）日本銀行：「マネーストック統計」 https://www.boj.or.jp/statistics/outline/exp/faqms.htm/ 参照

　現在の貨幣供給、つまり、**マネーストックの統計ではM3という指標が重要視**されています。新聞の記事でも「マネーストック（M3）が近年増加している」というように、M3と記載されています。

お金といっても、小銭やお札を使う機会はますます減ってきそうですからね。ネットでモノを買う人も多いですし。

小銭の心配がないスマホ片手に、電子マネーを使うケースが便利すぎます！

2 信用創造の考え方

　経済に出回るお金の量を考えるうえで重要な**信用創造**というものをこれから説明します。信用というのは**市中銀行**（民間銀行ともいいます。中央銀行、日本では日本銀行と分ける意味でそういうよび方をします）のもつ信用のことで、この信用を介して**見かけ上のお金が増える**メカニズムです。

　現代の生活では、この市中銀行の役割は生活には欠かせないものになっています。

　たとえば、給料はどのようにもらっているでしょうか？　まず、勤務先の会社は従業員の銀行預金口座番号と給料の額を銀行に提出しておきます。

　給料日には銀行は、会社の預金から支払われる給料総額を引き落とし、そして各従業員の預金口座に振替えます。ここでは、まったく小銭もお札の受け渡しもなく、数字を書き換えただけの作業になっています。

　同様に、企業の取引の全体を見渡しても、給与支払いに限らず、ほとんどの支払いには小銭や紙幣を使わずに、銀行預金の口座間の資金移動（預金通帳を書き換える）によって取引が行われます。

　銀行の業務といえば、融資、つまり民間の消費者や生産者にお金を貸すことになりますが、同様に預金口座にお金が振り込まれるだけで、実際には現金が手渡されることはありません。信用創造にはこのような「記帳」による預金の性質が応用された考え方が背景にあるのです。そのプロセスを次に説明していきます。

プロセス1　準備金

　市中銀行は、人々が預金として銀行に預け入れたお金を消費者や生産者に貸して、その利息を得ています。たくさんのお金を貸せば貸すほど利息が多く手に入るのですが、あくまで預金者のお金なので、預金者が引き出しに来たときに現金がないという事態にならないように、一定額を準備しておかなければなりません。それが**現金準備金**（支払準備金、預金準備金などの名称でもよばれます）であり、預金総額に対しての現金準備金の割合を**現金準備率**といいます。

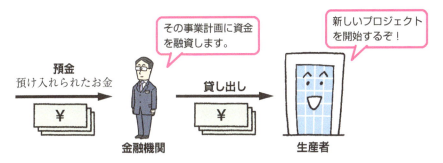

　ただし、この現金準備金は日銀（日本銀行）が安全性確保のため、日銀に預け入れるという形式で準備金を用意させることもあります。それが**法定準備金**で、預金総額に対する法定準備金の割合を**法定準備率**といいます。
（試験では、現金準備率と法定準備率はとくに区別されることなく、同じように扱われることが多いです）

プロセス2　貸し出し可能額について①

　A銀行に預け入れられたお金が10,000円とします。現金準備率（＝法定準備率とします）が10％の場合、A銀行は10,000円の10％である1,000円は貸し出しできませんが、残りの9,000円は貸し出し可能になります。

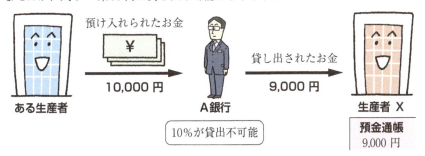

Unit 12　貨幣市場分析③　お金は「見かけ上」は増える！　147

この9,000円を借りた生産者Xの預金通帳には9,000円が記入されていますが、実際に現金の受け渡しが行われてはいません。しかし、これはいつでも引き出せるまぎれもないお金であり、生産者Xは必要になったときに使うことが可能です。

　上記の状態をみると、経済全体にあるお金（預金の総額）は、最初は10,000円だったものが、A銀行を介して、10,000円＋9,000円＝19,000円になっていることがわかります。

なんでお金が増えるの？ 実際にはお札自体は増えているわけではないんじゃない？

いや、増えています！ 預金通帳に記入されているだけでも、預金というのはお金の一種なんだから、お金は増えています！

プロセス3　貸し出し可能額について②

　プロセス2でお金の総量は、10,000円から19,000円になりましたが、実際に市中銀行が存在する限り、銀行に実際にお金があるなしに関係なく、このお金は相手の預金口座に振り込むという形でさらに増えていくことになります。

　プロセスを続けていきます。さらに、生産者Xは借りた9,000円をA銀行からB銀行へ預け入れたとしましょう（借りたお金を引き出して、全額、他の銀行に預けるという極端な話になります）。すると、B銀行はこの9,000円に対して現金準備率10％の900円は貸し出しできませんが、残りの8,100円は他の生産者に貸し出すことができます。

　この段階で、生産者Xの預金通帳には9,000円の預金が記入されているし、そのお金を借りた生産者Yの預金通帳には8,100円の預金が記入されることになります。

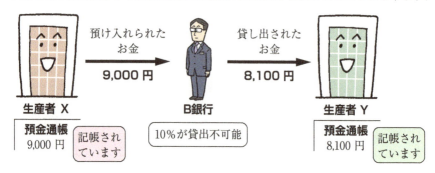

　つまり、これでトータルでお金（預金）の量は、10,000円＋9,000円＋8,100円となっています。最初は10,000円のお金でしたが、このような銀行の貸し出しによっ

てそのお金は何倍にもなることが想像できます。いったいどれくらいになるのか計算してみましょう。

作業1　市中銀行を通じて増えたお金の総量

第1段階

[A銀行によって増えた分]

最初のお金10,000円はA銀行によって現金準備率10％（0.1）を差し引いた90％、つまり、(1−0.1)をかけ算した9,000円が貸し出されました。

お金の総額　10,000円＋**9,000円**

第2段階

[A銀行とB銀行によって増えた分]

次に、貸し出された9,000円はB銀行によって現金準備率10％（0.1）を差し引いた90％、9000円に(1−0.1)をかけ算した8,100円が貸し出されました。

お金の総額　10,000＋9,000円＋**8,100円**

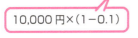

10,000円×(1−0.1)×(1−0.1)なので、10,000円×(1−0.1)²となります。

(1−0.1)を2回かけ算しているから2乗なんだね。

その後…

[A銀行とB銀行、さらにその後もほかの銀行によって増えた分]

世の中にA銀行とB銀行しかないわけではないので、市中銀行を通じてさらに貸し出しがおこなわれるため、銀行全体の預金残高は次のような計算式になると考えられます。

お金の総額＝10,000円＋10,000×(1−0.1)円＋10,000×(1−0.1)²円＋10,000×(1−0.1)³円＋10,000×(1−0.1)⁴円＋…

作業2　無限等比級数の和の計算

無限等比級数の和の形になったので、公式を使っていきます。

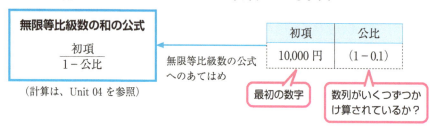

（計算は、Unit 04 を参照）

公式に数字をあてはめていきます。

$$\frac{初項}{1-公比} = \frac{10{,}000\text{円}}{1-(1-0.1)} = \frac{1}{0.1} \times 10{,}000\text{円}$$

10,000円というのは最初のお金で、それに $\frac{1}{0.1}$、つまり現金準備率の逆数をかけ算した数字が貸し出しの総額になります。

$$10{,}000\text{円} \times \frac{1}{0.1} = 100{,}000\text{円}$$

となり、実際にはお金自体は 10,000 円しかないのに、お金の総額、つまり預金の総額は、10 倍の大きさになります（記帳によって増加するのです）。

この市中銀行のもつ信用によって預金と貸し出しを連鎖的に繰り返すことでお金（預金通貨）が増えていく仕組みのことを、**信用創造**（credit creation：クレジット・クリエーション）といいます。

※ここでいう信用というのは市中銀行のもつ信用そのものをいう場合もあるし、市中銀行の貸借対照表の貸方（帳簿の右側：credit side）を意味することもあります。

10倍のお金が貸し出されているって!? 預金者がいっせいに引き出したらどうなるの?

預金者全員がすぐに預金を払い戻すことはまずないでしょう! それこそが「信用」なんですから!

作業3　信用創造乗数

信用創造によって、産み出されたお金の総量は、$\frac{1}{0.1}$倍、つまり、$\frac{1}{現金準備率}$倍になっていて、これが最初に投入された預金(「本源的預金」といいます)が銀行組織を通じて**何倍に増加**するかという**信用創造乗数**を示すことになります(貨幣乗数、通貨乗数、信用乗数ともいいます。)

> **Key Point**
>
> **信用創造乗数**
>
> $\frac{1}{現金準備率}$　または、$\frac{1}{法定準備率}$

※ただし、ここで示される信用創造乗数は生産者Xが借りた資金を、再び全額預金をするというように、手もとに現金として持っていない、全額預金していることを前提としています。

> **練習問題**
>
> ある民間銀行が100万円の預金を受け入れたとします。この預金をもとに民間銀行全体で派生的に信用創造される預金額として正しいものはどれですか。
> ただし、すべての民間銀行の預金準備率は5%とし、預金は途中で民間銀行以外に漏れることはないことを前提とします。
> 1. 1,600万円　2. 1,900万円　3. 2,000万円
> 4. 2,100万円　5. 1億円
>
> (地方上級　改題)

【解説】

最初のお金(本源的預金)が100万円、これから民間銀行(市中銀行)を通じて産み出される預金は、信用創造乗数を使って計算することになります。

$$預金総額 = \frac{1}{現金準備率} \times 受け入れた預金額$$

$$\frac{1}{0.05} \times 100\,万円 = 2{,}000\,万円$$

問題文が「預金総額」を問うているのなら2,000万円が正答になりますが、この問題は「派生的に信用創造される預金額」を問うパターンなので、最初のお金（本源的預金）を差し引いた額になります。

2,000万円（預金総額）− 100万円（最初の預け入れ額）＝ 1,900万円

したがって、**2 が正解**です。

問題文をちゃんと読まないとケアレス・ミスしそうな問題ですね。

Unit 13 金融政策でお金の量をコントロール！
貨幣市場分析④ 日銀も市場に介入します！

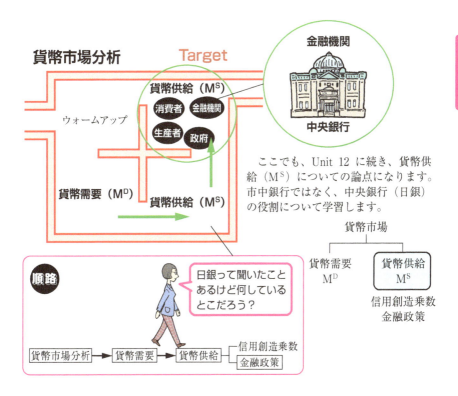

ここでも、Unit 12 に続き、貨幣供給（M^S）についての論点になります。市中銀行ではなく、中央銀行（日銀）の役割について学習します。

1 日本銀行（日銀）の役割

　Unit 12 では、どこの街でもみられる市中銀行（民間銀行）をとりあげましたが、ここでは日本の中央銀行である日本銀行（通常は、日銀「にちぎん」と略されます。このテキストでも日銀として使用します）について学習します。
　日銀には次のような役割があります。

①**発券銀行**（日本銀行券の発行）としての役割

財布のなかのお札には「**日本銀行券**」と記載されています。日本では紙幣は日銀だけがつくることができます。同じように財布には硬貨も入っていると思いますが、これは日銀ではなく独立行政法人である造幣局がつくっていて「日本国」と記載されています。

②**政府の銀行**としての役割

政府から委託を受けて国のお金の管理や事務を扱っています。

③**銀行の銀行**（市中銀行に対して預金や貸出）としての役割

市中銀行の預金を受け入れたり、お金を貸し出したりしています。市中銀行とは異なり、一般の人は、日銀に口座を持つことができません。日銀に口座を持つことができるのは、政府や金融機関だけです。

また、一時的な資金不足に陥った金融機関は、まずほかの金融機関に資金を借りるのですが、それでもほかに資金供給銀行がいない場合に、中央銀行が「最後の貸し手」となる機能もあります。

2 金融政策

経済に出回っている貨幣は、現金や預金などがありますが、そのお金の量を調節することができるのは日銀（日本銀行）です。しかし、日銀は経済に出回っているお金をすべてコントロールできるわけではなく、限られた大きさだけになります。

この、日銀が**直接コントロール**できるお金を**ハイパワード・マネー**（または、**マネタリーベース**）といいます。

ハイパワード・マネーは**現金**と**中央銀行への預け金**からなります。中央銀行への預け金というのは法定準備金のことです。これらは貨幣供給（M^s）に占める割合は一部ですが、このお金はやがて信用創造乗数倍の大きさになり、世のなかに出回るお金の量、つまり貨幣供給（M^s）の大きさになります。

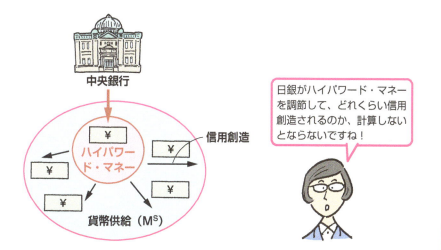

　財市場では政府が市場に介入する財政政策（政府支出や減税など）を紹介しましたが、同様に、日銀も貨幣量をコントロールして景気を刺激する**金融政策**があります。これは、おもに物価を安定させたり、雇用を促進するなどの経済の安定成長を目的に行われます。

　この金融政策の景気刺激対策は、政府支出のように直接的にお金を投入して経済にインパクトを与えるものではないですが、金融政策には、**機動性と柔軟性**があるといわれています。

　財政政策の場合、政府支出の発動に国家予算の補正に伴う国会の議決が必要となり、その手続きが完了するまでかなりの日数を要するため、融通性に欠けてしまうのです。

　しかし、金融政策は日本銀行の**政策委員会の決定のみ**で実施されるので早期に経済への対応ができるのです。

　ここで金融政策を考察する前に、お金の量と利子率の考え方を説明します。

考え方1　投資の増減

　中央銀行が市場に介入すると、お金の量を調節したり、利子率（または「金利」）

が変更されることになります。この利子率の変更も有効需要の増減に大きく影響を及ぼすのです。

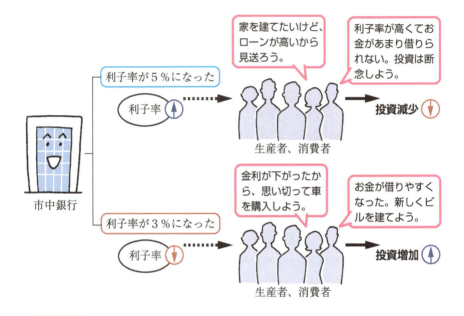

考え方2　需給バランス

　有効需要の1つである投資は、お金を借り入れて実施されることが前提となるので、借り入れる利子率に依存してその大きさが決まってきます。
　この利子率の決定は、モノの価格のように需要と供給のバランスという市場の力によって決まります。

モノの市場　需給バランス

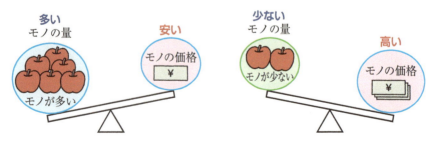

　モノは、供給量が需要量よりも多い場合には価格は下がり、逆に供給量が少なけ

れば価格は上がります。単純にいえば、市場で「量」が多いものは価格が下がっていくのです。この考え方はお金の量と利子率にもあてはまります。

お金の市場　需給バランス

次に、市場に出回っているお金の量と利子率について考えてみます。

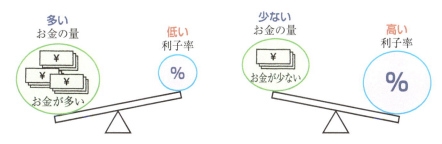

利子率は、お金を借りたときの借り賃のようなものだとイメージします。たとえば、利子率が3％で100万円借りれば、100万円×0.03＝3万円の利息が発生し、借り賃のように100万円に上乗せして返済しなければなりません。

市場に出回っているお金が少ない状況であればお金を借りたい人も多いはずです。しかし、そういう場合には銀行の持っているお金も少ないので、簡単には貸してはくれないでしょうから、借り賃＝利子率は高くなるでしょう。

逆に、市場にお金がたくさん出回り、銀行にもお金がたくさんあれば、借りたい人は少ないはずです。こういうときには、低い借り賃＝利子率でお金を借りることができるでしょう。

つまり、景気が悪いときには、世のなかにお金がたくさん出回るようにすれば、人々がお金にアクセスしやすくなるでしょう。逆に、景気が過熱しているときには、お金の出回る量を少なくさせる政策を考えるはずです。

この日銀が実施する金融政策には、次の3つの政策手段があります。①**公開市場操作**、②**法定準備率操作**、③**基準割引率および基準貸付利率（公定歩合）の変更**です。どのように市場のお金の量をコントロールして、景気に働きかけるのかを以下で説明してきます。

公開市場操作（買いオペ、売りオペ）

　金融政策の1つに**公開市場操作**（オープンマーケット・オペレーションともいいます）があります。これは、中央銀行が市場の国債や手形の売買をおこなってハイパワード・マネーの量を操作するものです。

　不況時では、**買いオペ**（買いオペレーション）という政策を実施します。これは、中央銀行が、市中銀行が持っている債券（国債）や手形を買い、お金を支払います。中央銀行からお金が放出されることによって、市中銀行はお金を手に入れるので、市場に出回る資金量が増え、そのお金が有効需要を刺激することになります。

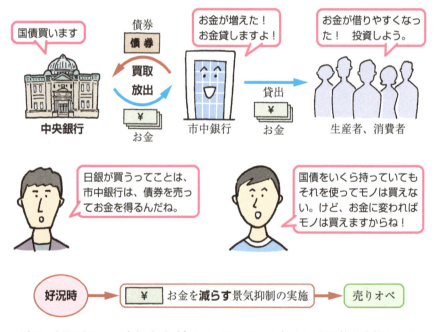

　逆に、好況時には、**売りオペ**（売りオペレーション）という政策を実施します。中央銀行は保有している債券（国債）や手形を市中銀行に売り、お金を受け取ります。市中銀行の手もとのお金を吸い上げることによって、民間に流れるお金も減り、資金不足を促して投資や消費を抑制し、有効需要を縮小させることによって景気の過熱を防ぎます。

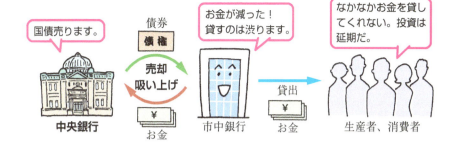

お金が債券に換わったので、実際にはお金が吸い上げられた感じですね。

日銀にお金が入っても、そのお金は消費にも投資にもまわらないから、民間にはお金がいかなくなるね。

法定準備率操作

さらに金融政策には**法定準備率操作**があります。

市中銀行は、預金総額のうち一定の割合を中央銀行に無利子で**法定準備金**として預け入れなければなりません。そのお金は日銀当座預金に組み込まれます。したがって、市中銀行は預金総額から準備金を除いたお金だけしか貸出できません。

そして、法定準備率操作は、この準備率の上げ下げを通じて、市中銀行の貸出可能額を増やしたり、減らしたりして市場へ流れるお金の量をコントロールすることになります。

不況時では、法定準備率を引き下げて、貸出可能額を増加させます。たとえば、預金の総額が 10,000 円の場合、法定準備率が 30 ％から 10 ％に下がった場合、市中銀行は以下のように貸出可能額が増えることになるでしょう。

	法定準備率 30 ％	法定準備率 10 ％
預金総額	10,000 円	10,000 円
法定準備金	3,000 円	1,000 円
貸出可能額	7,000 円	**9,000 円**

法定準備率が10％になると日銀への預金しなければならない準備金が1,000円となり、9000円が貸出可能額になるので、貸し出しできるお金が増えるために、銀行からお金を借りたいと思っている消費者や生産者はお金が借りやすくなり、市場にお金が出回るようになるでしょう。

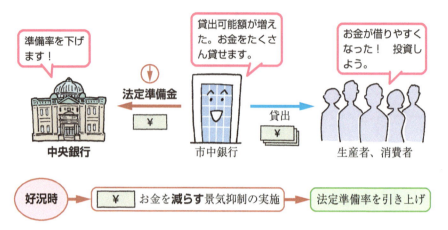

　好況時では、法定準備率を引き上げて、貸出可能額を減少させます。貸出可能額が減れば、銀行からお金を借りたい消費者や生産者は借りにくくなり、市場に出回るお金も抑制されることになり、景気が過熱しにくくなります。

基準割引率および基準貸付利率（公定歩合）の変更

　日銀が市中銀行にお金を貸すときの利子率である基準割引率および基準貸付利率（公定歩合）を変化させて、市中銀行は中央銀行から資金の貸し借りの大きさが調節されます。

　従来のもっとも基本的な金融政策として、**公定歩合操作**というものがありました。公定歩合というのは、代表的な政策金利（日銀が金融政策を実行するための誘

導目標）で、日銀が市中銀行にお金を貸し出す利子率の公定歩合によって市中銀行はお金を借りやすくなったり借りにくくなったりしたために、市中銀行の金利はこの公定歩合と連動して決まっていました。

90年代には、市中銀行の金利は完全に**自由化**されて、従来の公定歩合操作というものはその後はその機能が十分ではなくなりました。

＜従来の公定歩合操作＞

従来の公定歩合操作は、公定歩合と市中銀行の貸出の利子率が連動して上下することから、公定歩合を上げたり、下げたりすることによって、民間の借入金における返済コストが変化するという**コスト効果**が重視されていました。

まず、不況時では、公定歩合を引き下げます。それに連動して市中銀行の利子率も下がるので、お金を借りるときの返済コストが少なくてすみ、借り入れしやすくなり、経済にお金が出回るようになることによって有効需要を促進させます。

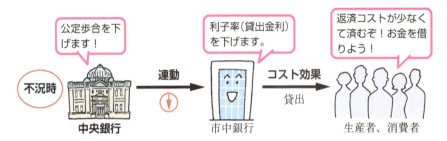

いっぽう、好況時では、公定歩合を引き上げます。それに連動して市中銀行の利子率も上がるので、お金を借りるときの返済コストが大きくなることから、消費や投資などの有効需要の拡大を抑制し、景気の過熱を防ぎます。

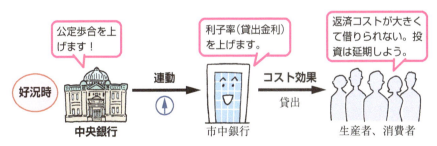

＜基準割引率および基準貸付利率（従来の「公定歩合」）の変更＞

従来、市中銀行の利子率は公定歩合に連動し、左右されていましたが、現在は金

融の自由化に伴い、利子率はお金の需要と供給のバランスによって決まります。

現在の基準割引率および基準貸付利率（従来の「公定歩合」）の変更の役割は、中央銀行が公定歩合を動かすことによって、市場がどのように行動するべきかの指標としての**アナウンス効果**を期待したものになります。

また、日銀から借入をするのではなく、それにかわって金融機関がお互いにお金を貸し借りする「コール市場」というものがあって、そこで適用される金利としてコールレートというものがあります。とくに、無担保で借りて、翌日にそれを返済する場合の金利のことを「無担保コールレート（オーバーナイト物）」といい、現在ではこれが日銀が政策金利として目標を決める誘導目標金利に移行しました。そこで公定歩合にはこのコールレートの変動の上限を示すという機能も備わっているようになっています。

練習問題

貨幣供給に関する次の記述のうち、妥当なものはどれですか。

1. 経済が不況にある場合には、裁量的金融政策による景気刺激対策として、買いオペを実施することになります。これは、日銀は市場から債券や手形を購入し、市場への資金流通量を増加させるようにします。
2. 民間銀行の貸出が増加すると、それにともなってハイパワード・マネーも増加するので、結果として市場全体の貨幣供給（マネーストック）も増加することになります。
3. 民間銀行が預金のうち、中央銀行に預け入れる日銀当座預金への法定準備率を上昇させると、信用創造乗数（貨幣乗数）は上昇することになります。
4. 中央銀行が法定準備率を20％とすると、最初の預金が1,000万円増加した場合には、信用創造によって最初の預金1,000万円を含めた預金総額の増加額は8,000万円になります。

（国家Ⅱ種　改題）

【解説】

1. ○ 日銀は景気の刺激対策として金融政策を実施します。その1つである公開市場操作では不況時には買いオペ、好況時には売りオペを行い、市場の資金量を調節することになります。

2. × ハイパワード・マネーは中央銀行が直接コントロールできるお金であり現金と法定準備金からなります。ハイパワード・マネーは民間銀行の貸出によって増加することはありません。

3. × 信用創造乗数 $= \dfrac{1}{\text{法定準備率}}$

乗数は分数で表されるので、法定準備率の上昇は分母を大きくするために、信用創造乗数（貨幣乗数）は低下することになります。

4. × 信用創造乗数 $= \dfrac{1}{0.2} = 5$

最初の預金1,000万円は、最初の預金も含めると5倍になるので、預金総額は5,000万円になります。

以上より、**1が正解**になります。

Unit 14

マクロ経済学の中心論点に突入!!

IS-LM 分析①
IS曲線とLM曲線の導出

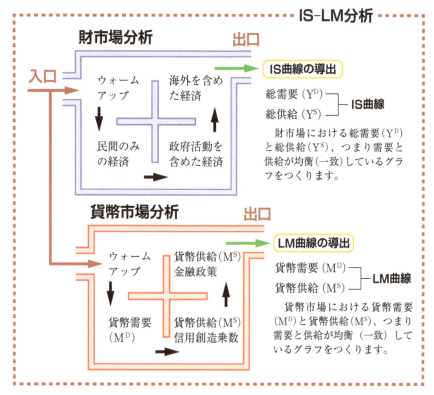

　これまで財市場というモノの需要と供給、そして、貨幣市場ではお金の需要と供給について学習しました。次は、この両者を同時に分析をする作業になります。

　この同時分析は、このUnitのタイトル通り、**IS-LM**（アイエス エルエム）**分析**とよばれるもので、この分析に使うものがIS（アイエス）曲線とLM（エルエム）曲線という2つの曲線であることからそのような名称になっています。

　このIS-LM分析の目的は、これまで用語として登場した財政政策や金融政策をどのように実施していくことが国民所得を増加させるのに有効なのか、また、どち

らが経済にとって望ましいのかなどを分析していくことです。

非常に論点が多いところでもあるので、ひとまずこの Unit では、IS 曲線や LM 曲線をどのように描くのか説明をしていきます。

いきなり、IS とか LM とか、何かわからないよね！

でも、IとかSとかL、Mって記号はどこかで見たような気がするよね…

1 IS 曲線の描きかた

IS 曲線は財市場の均衡を表わす国民所得（Y）と利子率（r）のグラフです。この IS 曲線の I は投資（Investment）、S は貯蓄（Saving）の頭文字のSになります。

財市場が均衡しているというのは、需要サイドの総需要（Y^D）と供給サイドの総供給（Y^S）が均等になっていること、または投資（I）と貯蓄（S）が等しくなっていることを意味します。

その考え方を前提に、以下のような作業をおこないながら IS 曲線を導出していきます。

総需要（Y^D）＝総供給（Y^S）

作業1　利子率（r）と投資（I）の関係

国民所得の大きさを決める有効需要の1つである投資（I）について、もう一歩踏み込んで説明していきます。なぜなら、財市場のみの分析（45度分析）で扱った投資は、独立投資で利子率に依存しないものですが、これから貨幣市場をも考慮するとなると、利子率に依存するような投資を扱う必要があるからです。

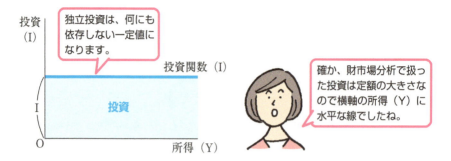

この独立投資に対して、利子率に依存する投資は次のようなグラフになります。

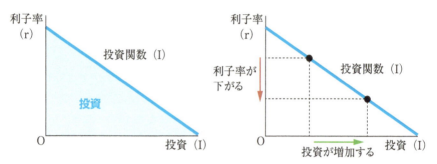

右下がりの形状になるのは、利子率が下がれば、お金が借りやすくなるために投資が増加するからです。逆に、利子率が上がれば、お金が借りにくくなるために投資が減少することになります。

国民所得にインパクトを与える投資の大きさは、この Unit では利子率の大きさによって、増加したり減少したりすることになります。

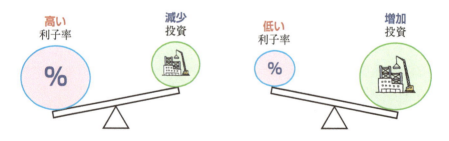

作業2　貯蓄（S）と国民所得（Y）

次に、貯蓄（S）と国民所得（Y）の関係について、復習します。

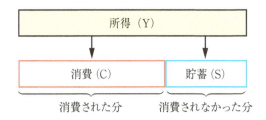

　国全体の貯蓄（S）は、国民所得（Y）のなかで消費にまわらなかった分になります。さらに、下式のように貯蓄関数は所得が増加すると、貯蓄が増加するように示されます（Yの数字が大きくなれば、Sの数字も大きくなります。簡単にいえば、給料が上がれば消費も増加するし、貯蓄も増加するということです）。

所得が上昇すれば貯蓄も増加します。

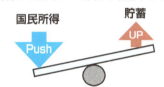

作業3　財市場の均衡（需要と供給の一致、財市場のバランス）

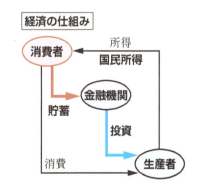

　さらに、復習になりますが、財市場における「需要と供給が一致」の条件を確認しましょう。まず、国民所得の大きさは、有効需要の原理にしたがって、

　　国民所得(Y)＝総需要(Y^D)

となりますが、需要と供給である $Y^D = Y^S$ が一致している（均衡している）状態なので、

$$\begin{cases} 総供給(Y^S) = 消費(C) + 貯蓄(S) \\ 総需要(Y^D) = 消費(C) + 投資(I) \end{cases}$$

より、総供給(Y^S)＝総需要(Y^D)は、

消費(C)＋貯蓄(S)＝消費(C)＋投資(I)となり、両辺の、消費(C)を消すと、

投資(I)＝貯蓄(S)

と表されます。

　つまり、**国民所得（Y）が均衡している水準では、貯蓄＝投資が成立していること**になります。

財市場の均衡（バランス）

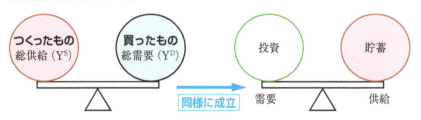

作業4　利子率（r）と国民所得（Y）の関係

　財市場が均衡（需要と供給が一致）しているような状況において、利子率（r）と国民所得（Y）の関係を作業1から作業3までのプロセスをつなげて説明していきます。

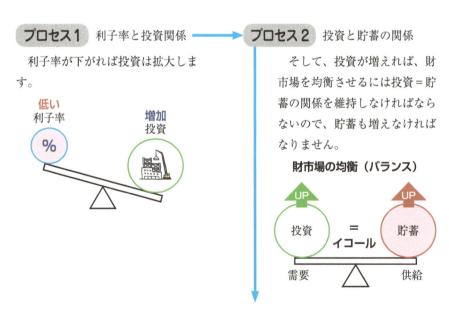

プロセス1　利子率と投資関係

　利子率が下がれば投資は拡大します。

プロセス2　投資と貯蓄の関係

　そして、投資が増えれば、財市場を均衡させるには投資＝貯蓄の関係を維持しなければならないので、貯蓄も増えなければなりません。

プロセス3 貯蓄と所得の関係 ━━▶ **結果**

　その貯蓄を増やすためには、所得が増加している必要があるのです。

以上をまとめます。

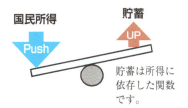

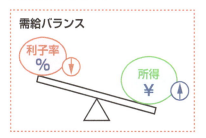

　利子率が低下した場合、投資が増加してしまうので、需給のバランスが崩れてしまいます。その需給のバランスを取り戻すためには、貯蓄が増える必要があり、それは所得を増加されることによって達成されるのです。つまり、所得が増加することによって、再び、需給バランスが均衡することになります。

作業5　IS曲線の導出

　これから、利子率（r）と国民所得（Y）の関係のグラフであるIS曲線を描きます。IS曲線は「利子率が低下すれば国民所得が増加する」という関係式ではなく、**「財市場が均衡している利子率と国民所得の組み合わせ」**を示すグラフになります。

　つまり、グラフの意味は、IS曲線の線上では常に財の需要と供給が一致しているということになり、それは利子率が下がったときに国民所得が増加しているようなグラフであれば達成できるということです（いいかえれば、IS曲線の線上から外れると需給バランスが崩れることになります）。

財市場が均衡している状態

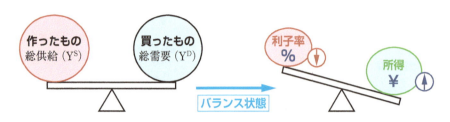

縦軸に利子率（r）、横軸に国民所得（Y）をプロットします（横軸がGDP〈国内総生産〉として説明する場合もあります）。

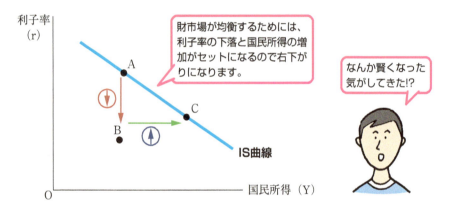

まず、A点では財市場で需要と供給が一致しています。ここから、赤い矢印にしたがって下に見下ろす、つまり利子率が下落するので財市場では投資が増加することになるでしょう。投資は総需要（Y^D）の1つなので、投資の増加は需要の増加であり、B点では「需要＞供給」の状況になってしまうので、需給バランスを崩してしまいます。

しかし、B点から緑の矢印にしたがって右に進む、つまり国民所得が増加すれば、貯蓄が増えるので、その増えた貯蓄が投資の大きさと等しくなれば再び、財市場における需要と供給が一致することになります。そのような、需給バランスが達成できているA点とC点を結んだものがIS曲線となり、上図のように右下がりの形状になります。つまり、A点、C点は利子率が下がり所得が増加するような状況なので財市場が均衡しているといえます。

2 IS 曲線のシフト

それでは、次に IS 曲線のシフトについて考えてみましょう。まず、財市場の需給均衡を用意します。有効需要の原理にしたがって、需要サイドが国民所得（Y）を決定します。

国民所得（Y）＝総需要（Y^D）＝C（消費）＋I（投資）＋G（政府支出）

この式より、「海外」を除外した場合、国民所得の注入要因である消費、投資、政府支出が増加すれば、IS 曲線は右シフトすることになり、国民所得（Y）が増加します。

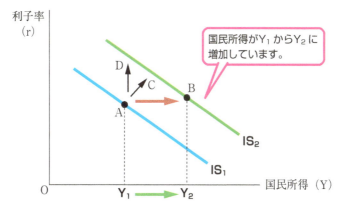

ただし、IS_1 から IS_2 への右シフトといっても、消費や投資、政府支出の関数の性質によって、A から C のように**右上**へのシフトや、A から D のように**上方**へのシフトという場合もあります。ですから、右上シフト、上方シフトと説明されたものは間違いではなく、あくまで**一般的に**「財市場では、需要が増加すると IS 曲線は右シフトする」という説明をしているにすぎません。試験でも、「右（上）シフトする」という説明文がしばしばみられます。

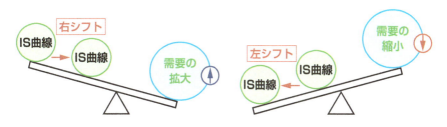

逆に、需要が減少すると、IS曲線は左にシフトします。この場合でも、**左下**シフトや**下方**シフトという見方もできます。しかし、一般的には「財市場では、需要が減少するとIS曲線は左シフトする」という説明をします。

そして、主にIS曲線を使って分析するものが**財政政策**になります。

財政政策は、政府が政府支出（G）を発動させたり、増税や減税によって需要の大きさをコントロールして景気を刺激または抑制するものです。

3 財政政策とIS曲線のシフト

拡張的な財政政策

経済が完全雇用に満たないような状態では、政府支出（G）の増加や減税（Tの減少）が実施されます。それらの需要の拡大はIS曲線を右シフトさせます。

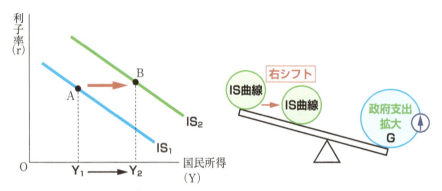

同様に、減税の場合では、税金（T）を減少させ可処分所得が増えることによって、消費（C）が増加するため、需要の拡大によって、IS曲線を右にシフトさせます。

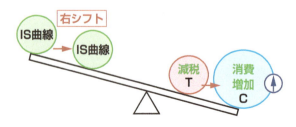

引締的な財政政策

景気が過熱している状態では、政府支出（G）の減少や増税（Tの増加）が実施されます。それらの需要の減少はIS曲線を左シフトさせます。

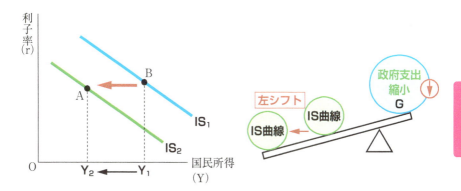

増税の場合では、税金（T）を増加させ可処分所得を減らすことによって、消費（C）が減少するため、需要が縮小し、IS曲線を左にシフトさせます。

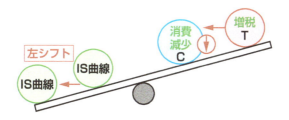

4 LM曲線の描きかた

このLM曲線というのは貨幣市場の均衡を表す利子率（r）と国民所得（Y）の関係のグラフになります。

まず、LM曲線のLの意味は、貨幣需要（M^D）のことで**流動性選好**（Liquidity preference）ともよばれていることから、頭文字のLを使っています。このLの内訳は、取引的動機と予備的動機のL_1と投機的動機のL_2の合計で構成されています（Unit 11参照）。

また、LM曲線のMの意味は、貨幣供給（M^S）= Money Supply（マネーサプラ

イ)、または、Money Stock（マネーストック）の頭文字の M が用いられています。

この貨幣市場が均衡というのは、お金の需要サイドの貨幣需要（M^D）と供給サイドの貨幣供給（M^S）が等しくなっていることを意味し、そこで決定される利子率の変化を背景に金融政策の有効性などを調べるうえで LM 曲線は非常に有用なツールになります。

以下のような作業で LM 曲線を導出していきます。

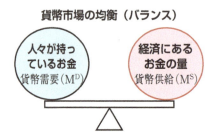

作業1　取引的動機、予備的動機に基づく貨幣需要

貨幣需要（M^D）のなかから、取引的動機、予備的動機に基づく貨幣需要の2つについて復習します。

貨幣需要（M^D）というのは、文字通り、「**どうしてお金（貨幣）を持つのか？**」という意味ですが、まず、取引的動機というのは買い物をするために持っているお金でした。買い物のような「取引」は所得が増えれば増えるほど増加するので、この取引的動機にもとづく貨幣需要は所得に依存することになります。

同様に、何か不意の支出に備えて持っているようなお金、これは予備的動機にもとづく貨幣需要といいましたが、これも所得が大きいほど増加します。

つまり、取引的動機、および予備的動機に基づく貨幣需要はどちらも**所得に依存する関数**として表されることから、両者を L_1 として分類し、所得が増加すると L_1 は増加する、または所得減少すると L_1 も減少する関係になります。

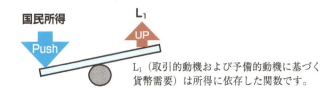

作業2　投機的動機に基づく貨幣需要

投機的動機に基づく貨幣需要というのは、「どうしてお金を持つのか？」を考えるにあたって、財布のお金ではなくタンス預金のような**資産として持つ**お金の場合を考えます。

資産をどのように貯めるのかを、「お金で持つのか？　債券で持つのか？」という選択肢を考えた場合、利子を産むような債券のほうが望ましいのですが、債券価格は利子率に依存して決まるため、利子率が低下すれば債券価格は上昇し、債券購入は見送られ貨幣として保有します。逆に利子率が上がれば債券価格は下落するので（Unit 11 参照）、購入が有利になります。

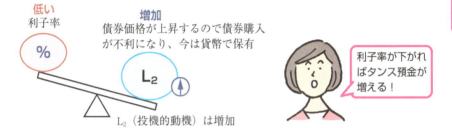

L_2（投機的動機）は増加

利子率が下落し債券価格が上昇すると、すでに債券を持っている人は売り払うでしょうし、これから買おうという人はキャピタル・ロスを招く可能性があるので、そういうときはタンス預金として貨幣の状態での保有が増加することになるでしょう。このタンス預金のように「資産」として保有している貨幣を L_2（投機的動機に基づく貨幣需要）とよびます。L_2（投機的動機に基づく貨幣需要）は利子率が下がれば増加するという利子率に依存した関数になります。

貨幣需要（M^D）は L_1 と L_2 から構成されることから以下のように表されます。

$$M^D（貨幣需要）= L_1 + L_2$$

作業3　貨幣市場の均衡（需要と供給の一致）

次に LM 曲線の導出で使う貨幣供給（M^S）について表していきます。貨幣供給（M^S）というのはお金の量ですが、お金の量といっても、額面上のお金である名目貨幣供給とモノで測った**実質貨幣供給**という2つの見方があります。

貨幣市場に関しては、すでに需要サイドがモノを買ったり、債券を買ったりすることを前提としているので、供給サイドもモノで測った実質貨幣供給をベースにします。

$$M^S = \frac{名目貨幣供給(M)}{物価(P)}$$
M^S（実質貨幣供給）

この実質貨幣供給 $\left(\frac{M}{P}\right)$ は、分子の名目貨幣供給（M）が増加するか、または、分母の物価が下落すれば大きくなります。

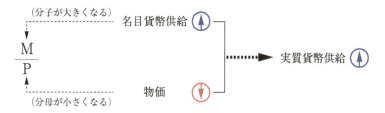

逆に、分子の名目貨幣供給（M）が減少するか、または、分母の物価が上昇すれば、実質貨幣供給は小さくなります。

お金の量が増えても、モノの値段が下がっても、実質的なお金の量が増えるという見方は同じってことだね。

そして、貨幣市場が均衡する、つまり、お金の需要と供給が一致する状況は、次のように表されます。

> **Key Point**
> 貨幣市場の需給均衡
> $$\frac{M}{P} = L_1 + L_2$$
> （貨幣供給）（貨幣需要）

この式を、今度はLM曲線にしていくのですが、LM曲線は貨幣市場が均衡するような利子率（r）と国民所得（Y）の関係を示す式なので、この需給均衡式のなかで利子率と国民所得に関係するのは貨幣需要サイドだけになります。

つまり、需要サイドがどのように変化をするのかをみることによってLM曲線の形状を判断することができるのです。なにをいっているのかは、式を展開していきながら確認してみましょう。

作業4　利子率（r）と国民所得（Y）の関係①

貨幣市場が均衡（需要と供給が一致）しているような状況における利子率（r）と国民所得（Y）の関係を作業1から作業3までのプロセスをつなげて説明していきます。

プロセス1　　所得が増加すると、L_1（取引的動機および予備的動機に基づく貨幣需要）が増加します。

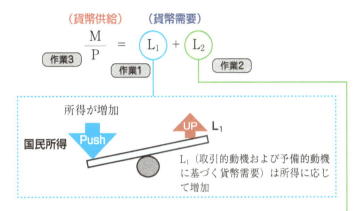

所得が増加すると、L_1 も増えるので、貨幣市場は貨幣需要のほうが大きくなるという**超過需要**の状態になります。しかし、貨幣供給は変化していないので、需給を再び一致させるためには、所得の変化以外の要因で貨幣需要を小さくして、需給を一致させる必要があります。

プロセス2　　利子率が上昇すると、L_2 は減少します。

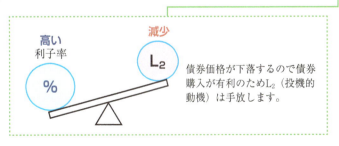

利子率が上昇すれば、債券価格が下がるので、タンス預金を引き出して債券を購入することになるので、タンス預金である L_2（投機的動機にもとづく貨幣需要）は減少することになります。

プロセスの流れをまとめます。

まず、国民所得（Y）が増加した場合、L_1 が増加するので貨幣需要が増えてしまって、需給のバランスが崩れます。

そこで、利子率が上昇すれば、L_2 が減少するので貨幣需要は減っていきます。簡単にいえば、給料が上がって財布のお金は増えたけど、タンス預金が減ったので、自分の持っているお金（貨幣需要）は元の水準と同じで、需給が一致するようになったということです。

作業5　利子率（r）と国民所得（Y）の関係②

今度は、**作業4**のプロセスを逆さまにして、利子率（r）と国民所得（Y）の関係を再度、確認してみましょう。（ここはイメージさえできればOKです！）

ここでは、所得が減少した場合を想定します。

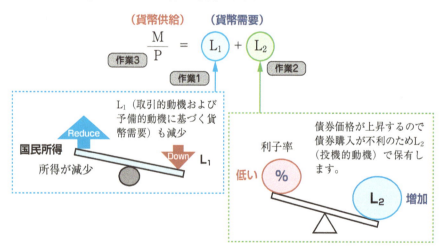

所得が減少すると、L_1 も減るので、貨幣市場は貨幣需要のほうが小さくなるという**超過供給**の状態になります。しかし、ここでは貨幣供給は変化していないので、貨幣の需給を再び一致させるためには、所得の変化以外の要因で貨幣需要を大きくして、需給を一致させる必要があります。

　そこで利子率が下落すれば、債券価格が上がるので、債券購入が不利になり、再びタンス預金のような資産としての貨幣の形でお金を貯めることになるでしょう。つまり、L_2 は上昇します。

　以上をまとめると、まず、国民所得（Y）が減少した場合、L_1 が減少するので貨幣需要が減ってしまって、需給のバランスが崩れます。

　次に、利子率が下落すれば、L_2 が上昇するので貨幣需要は増えていきます。簡単にいえば、給料が下がって財布のお金は減ったけど、タンス預金が増えたので、自分の持っているお金（貨幣需要）は元の水準と同じに戻り、需給が一致するようになったということです。

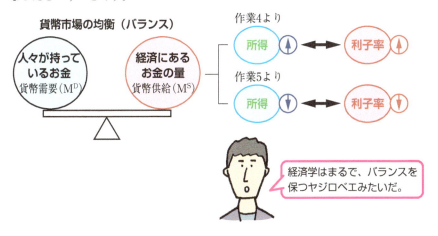

作業6　LM曲線の導出

これから、貨幣市場の均衡を表す利子率（r）と国民所得（Y）の関係のグラフであるLM曲線を描きます。LM曲線は「所得が増加したら利子率も上昇する」という関係式ではなく、「**貨幣市場が均衡している**利子率と国民所得の組み合わせ」を示すグラフになります。

つまり、グラフの意味は、LM曲線の線上では常に貨幣の需要と供給が一致しているということになり、それは国民所得が増加すれば利子率も上昇しているようなグラフであれば達成できるということです（いいかえれば、LM曲線の線上から外れると需給バランスが崩れることになります）。

縦軸に利子率（r）と横軸に国民所得（Y）をプロットします（横軸がGDP〈国内総生産〉として説明する場合もあります）。

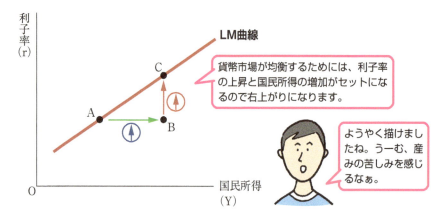

まず、A点では貨幣市場で需要と供給が一致しています。ここから、緑の矢印にしたがって右に進む、つまり国民所得（Y）が増加するのでL_1が増加します。L_1は貨幣需要（M^D）の1つなので、L_1の増加は貨幣需要の増加であり、B点では「**需要＞供給**」の状況になってしまうので、需給バランスを崩してしまいます。

しかし、B点で赤の矢印にしたがって上方に移動、つまり利子率が上昇すれば、債券価格が下がるので、債券購入が有利となり債券を購入するので、資産としての貨幣である L_2 が減少することになります。L_2 は貨幣需要（M^D）の1つなので、L_2 の減少は貨幣需要の減少であり、L_1 が増加しても L_2 が減少するために、再びC点では「需要＝供給」の状況になってしまうので貨幣市場の需要と供給が一致していきます。そのような、需給バランスが達成できているA点とC点を結んだものがLM曲線となり、上図のように右上がりの形状になります。

5 LM曲線のシフト

最後に、LM曲線のシフトについて考えてみましょう。貨幣市場の均衡を表すLM曲線は実質貨幣供給（M^S）が増加すれば右シフトして、実質貨幣供給（M^S）が減少すれば左シフトします。

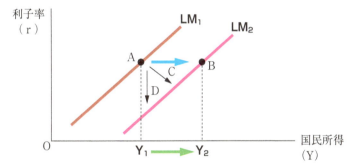

ただし、LM_1 から LM_2 への右シフトといっても、実質貨幣供給（M^S）が増加して、それと貨幣需要（M^D）が増加して一致するには、所得が増加するか、利子率が下落するか、もしくは両方の作用が必要になるので、その状況に応じてAからCのように**右下**シフトやAからDのように**下方**シフトという見方もできます。しかし、一般的には、「貨幣市場では、実質貨幣供給が増加をすれば、LM曲線が右シフトする」という表現をしています。試験でも、「右（下）シフトする」という説明文がしばしばみられます。

逆に、実質貨幣供給（M^S）が減少すると、LM 曲線は左にシフトします。この場合でも、**左上**シフトや**上方**シフトという見方もできます。ただし、一般的に「貨幣市場では、実質貨幣供給が減少するとLM 曲線は左シフトする」という説明をします。

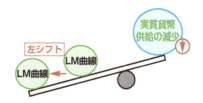

この実質貨幣供給（M^S）の増減を LM 曲線を使って分析するものが**金融政策**になります。

金融政策は、日銀がハイパワード・マネーを通じて貨幣供給を増やしたり、減らしたりして、コントロールします。

このLM 曲線のシフトと金融政策については、Unit 15 へ引き継ぎます。

練習問題

IS 曲線、LM 曲線に関して、以下のような図が与えられているとき、A、B、C、D 点に関する記述のうち、妥当なものはどれですか。

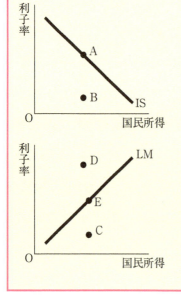

1. A 点では財市場が超過需要になっています。
2. B 点では財市場が超過供給になっています。
3. C 点では貨幣市場が超過需要になっています。
4. D 点では貨幣市場が均衡しています。
5. E 点では貨幣市場が超過供給になっています。

地方上級　改題

【解説】
1. ×　IS曲線の線上にあるA点は需要と供給が一致している点です。
2. ×　B点はIS曲線の線上よりも利子率が下がっているので投資が増えるはずです。投資は需要項目の1つであって、B点は需要＞供給の状況より、超過需要になります。
3. ○　C点では、LM曲線の線上よりも利子率が下がっているので、債券購入が不利であり貨幣として資産を持つので、需要＞供給より、超過需要になります。
4. ×　D点では、LM曲線の線上よりも利子率が上がっているので、債券購入が有利であり、貨幣を手放して債券として資産を持つので、貨幣需要が減少することから需要＜供給になるので、超過供給になります。
5. ×　E点はLM曲線の線上にあるので、貨幣市場が均衡しています。

以上より、**3が正解**になります。

> **Key Point**
>
> IS曲線とLM曲線の領域
>
>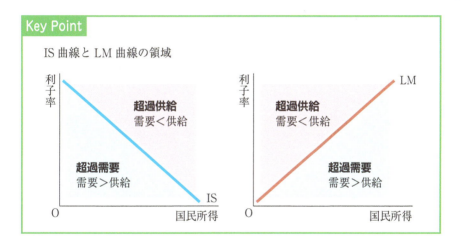

6　古典派の貨幣市場

　ケインズはお金の量を増やしたり減らしたりする金融政策が利子率に作用して有効需要を刺激して、雇用や所得などの経済に影響を与えることを主張しました。

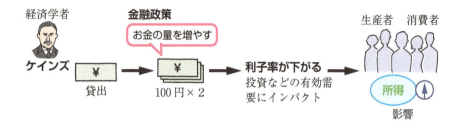

しかし、ケインズ以前の古典派には、お金の量が経済に影響するという考え方はなく、お金の量を増やしても物価が上昇するだけで、経済とお金を切り離して考える「**貨幣の中立性**」が考えられていました。

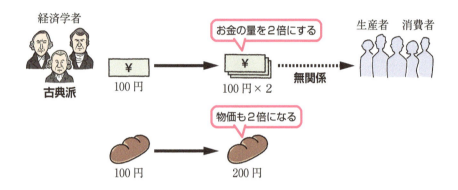

印刷技術がなく、現在のようには簡単にお金を増産できなかった時代は、お金を増やすには、いったん金貨を溶かして金の含有量を半分に減らし金貨を2倍に発行するという状況でした。

当然にお金の量は増えても、1枚の金貨の価値は半分になるので、それに応じて、1枚の金貨で購入できるモノの価格が2倍になるというわけです。交換比率は、まったくそれまでと変わらない状況なので、経済には影響しないと考えたのです。

> **TOPIC**
>
> 古典派は貨幣の量と経済の大きさとは無関係であると考え、貨幣供給の増加は物価のみを上昇させると主張しました。

Unit 15 IS-LM分析② クラウディング・アウト

大不況では金融政策は無効になってしまう！

この Unit では、IS 曲線、LM 曲線のシフトによる政策の有効性を示し、古典派はどうして財政政策に消極的であったのかを IS-LM 分析を通じて明らかにさせていきます。

1 財市場、貨幣市場の同時均衡

IS 曲線、LM 曲線が導出できたので、これらを一緒に描きます。

IS 曲線は、財、いわゆるモノの需要と供給が一致しているグラフで、LM 曲線は貨幣、いわゆるお金の需要と供給が一致しているグラフです。この両者のグラフを描くことによって、国民所得（Y）と利子率（r）が同時に決定をすることになります。

均衡点というのは、瞬時に決まらなくても、最終的にはこの点になっていくというものです。

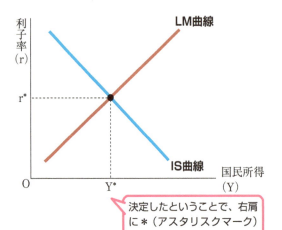

IS 曲線、LM 曲線を使う IS-LM 分析では、このように国民所得（Y）と利子率（r）を同時にみていきながら、経済の状況を判断していきます。そこであらためて、どうして LM 曲線も一緒に描く必要があるのか説明します。

決定したということで、右肩に＊（アスタリスクマーク）を付けています。

モノが売れなくて失業とか発生するんだから、財市場の分析だけでいいんじゃない？

しかし、結局、モノってお金とつながっているんじゃないかな？

　ケインズの経済学には「有効需要の原理」という考え方が根底にあります。いくら生産者がモノをたくさんつくっても意味はなく、それをお金を出して買うという行為、つまり有効需要の大きさ、「お金を支払う」という行動が経済を引っ張るということを主張しています。

　もちろん、たくさんつくって、その供給に売れ残りがあればお金が回収できない生産者は失業が発生してしまいます。そこで、需要を大きくするために政府の介入の有効性を学習しました。そして、需要が拡大すれば国民所得が増加するでしょう。

　いっぽうで、その「お金を支払う」は利子率にも大きく影響を受けるのです。たとえば、需要項目のなかで、投資（I）は極めて重要な経済を牽引させるものですが、この投資は利子率が下がれば増加します。

　また、貨幣市場だけみても、将来において債券価格が上昇するであろうと予想できるような状況なら、今、債券を買って値段が上がったときにそれを売ればお金を稼ぐことができると考えるでしょう。それなら、このチャンスを逃がすまいとタンス預金を引き出して債券を購入するはずです。タンスにお金が眠っているような状況ではいつまでたっても経済は良くなりません。

　このように、人々が「お金を支払う」という行為は利子率とも密接に結びついて

いるのです。

　ケインズはモノの需要と供給だけでなく、お金も実物経済に大きな影響を与えると主張したのです。

個人の視点で経済をみると、失業がなくて、ちゃんと給料がもらえて生活ができるのが望ましいから、やはり所得が上がるということが重要なんです！

生産者の視点では、もちろん所得が上がるのは最重要だけど、投資をしたり、債券のような金融資産を買うので、金利（利子率）がどのように動くのかいつも注視しています。

　それでは、IS曲線、LM曲線のシフトをみながら、国民所得と利子率の状況を確認してみましょう。

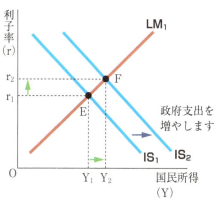

IS曲線、LM曲線を一緒に描くことによって財市場と貨幣市場の均衡状態をみることができます。均衡点E点で財政政策として政府支出を増加させると、IS曲線は右にシフトをして、新たな均衡点F点が実現されます。

　E点からF点の状況を見ると、国民所得が増加（$Y_1 \to Y_2$）して、同時に利子率も上昇（$r_1 \to r_2$）していることがわかります。

　同様に、（次の図において）均衡点E点で金融政策として貨幣供給を増加させると、LM曲線は右にシフトをして、新たな均衡点G点が実現されます。

　E点からG点の状況をみると、国民所得が増加（$Y_1 \to Y_2$）して、同時に利子率は下落（$r_1 \to r_2$）していることがわかります。

　この金融政策の実施とLM曲線のシフトについて考えてみましょう。国民所得が増加していますが、あくまで国民所得は有効需要の原理によって需要の大きさによってその大きさが決まります。

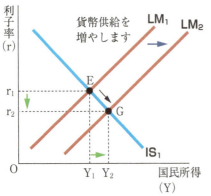

グラフをみると、利子率が下がることによって投資が拡大し、**IS曲線の線上をE点からG点に移動**し、国民所得を増加させていると読むことができます。

たしかに、IS曲線だけみると、利子率が下がって、IS曲線の線上を動いて、国民所得が大きくなっているようにみえますね。

とくに条件がなければ、財政政策も金融政策もどちらも有効だということですね。

2 古典派による財政政策の無効性の主張

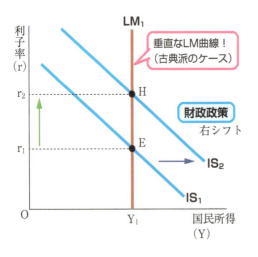

古典派は政府が市場に介入して財政政策を発動させることに否定的でした。それを説明するものが左のグラフです。

貨幣市場の需要と供給の一致を表すLM曲線をみると、横軸に垂直に描かれています。

これは、古典派は貨幣需要（M^D）は所得（Y）だけに依存するとし、利子率はまったく関係がないと考えるからです（利子率が何％でも無関係、つまり1％でも20％でも、80％でも関係がないので垂直になります）。

このような状況で、財政政策を実施したらどうなるでしょう？

財政政策を発動した場合、IS曲線は右シフトします。均衡点がE点からH点になりますが、LM曲線が垂直であることから、国民所得の大きさはY_1から変化せず、利子率だけが上昇（$r_1 \rightarrow r_2$）していることがわかります。

国民所得が増加しない理由は次の通りです。利子率が上昇すると、民間の投資が減少してしまいます。それは、財政政策として政府支出（公共投資）を実施しても、利子率が上昇してしまうので、その政府支出分の民間投資が減少してしまうのです。そのため、国民所得の水準は、Y_1からまったく変化しない状況になります。

政府が市場に介入して公共投資をおこなう例として、ある区間に国家運営の鉄道をつくったとしましょう。そうした場合、その区間に鉄道を計画していた民間の鉄道会社は政府の公共事業によって投資の機会を奪われてしまうような状況になります。このように政府支出の増加が利子率を上昇させて、民間の投資を減少させてしまうことを**クラウディング・アウト**（**締め出し効果**）いいます。

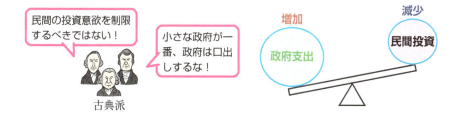

さらに、古典派の主張が特徴的な点は、**100％のクラウディング・アウト**になってしまうということです。いいかえれば、政府支出分だけ民間投資の支出分がなくなるので、結局はプラスマイナス・ゼロとなり、国民所得にまったく影響を与えないことになることです。

そのように政府活動が民間の投資意欲を抑制させてしまうので、古典派は財政政策に対して否定的でした。

3 ケインズのクラウディング・アウト

　財政政策の発動によって、利子率の上昇を招き、投資を抑制させることについてはケインズも認めています。ただし、古典派のように 100 ％のクラウディング・アウトではなく、一部の効果が減殺されるだけで、国民所得を増加させる効果があることを主張しました。

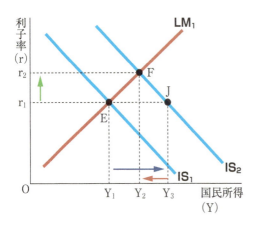

　財市場分析（45 度線分析）では、政府支出は乗数倍の波及効果をもたらすと学習しました。これは、左図では IS 曲線の右シフトによって、E 点から J 点までの大きさがそれに対応しています。

　乗数倍の波及効果の大きさで国民所得は Y_1 から Y_3 に増加しますが、利子率が上昇するために、その分のクラウディング・アウトが生じてしまい、国民所得の水準は Y_3 から Y_2 の水準に戻ってしまうことになります。
　つまり、Y_3 から Y_2 への国民所得の減少分がクラウディング・アウトによって失われた需要部分だとわかります。

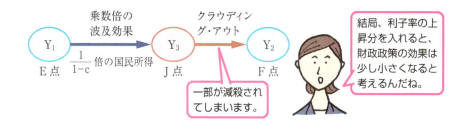

Key Point

財政政策において、古典派はクラウディング・アウトが100％となるために効果は無効と考えましたが、ケインズが一部のクラウディング・アウトを認めながらも有効性を主張しました。

練習問題

次のア～イ図は、縦軸に利子率、横軸に国民所得をとり、IS曲線とLM曲線を描いたものです。ただし、イ図のLM曲線は横軸に対して垂直になっています。それぞれの図の説明として正しいものはどれですか。

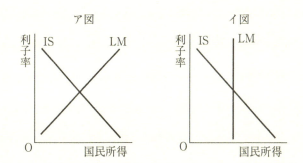

1. ア図では、金融政策を実施するとIS曲線は右（上）シフトし、その結果、国民所得が増加して、利子率も上昇します。
2. ア図では、財政政策を実施するとLM曲線は右（下）シフトし、その結果、国民所得が増加して、利子率も上昇します。
3. ア図では、財政政策を実施するとIS曲線は右（上）シフトし、利子率の上昇によって一部のクラウディング・アウトはありますが国民所得を増加させることができます。
4. イ図は、クラウディング・アウトが100％の場合で、国民所得を増加させ

るためには財政政策が有効です。
5. イ図は、ケインズが想定した大不況の経済で見られるLM曲線の特殊なケースで、一部のクラウディング・アウトを引き起こします。

(地方上級　改題)

【解説】
1. ×　金融政策の実施はLM曲線が右（下）シフトし、その結果、国民所得が増加して、利子率は下落します。
2. ×　財政政策を実施はIS曲線が右（上）シフトし、その結果、国民所得が増加して、利子率は上昇します。
3. ○　財政政策を実施はIS曲線が右（上）シフトし、利子率は上昇を引き起こしクラウディング・アウトを誘発しますが、国民所得を増加させることができます。
4. ×　クラウディング・アウトが100％であることを主張した古典派のケースで、財政政策は無効になります。
5. ×　LM曲線が垂直なので古典派のケースでクラウディング・アウトは100％です。以上より、**3が正解**です。

Unit 16 労働市場分析

賃金の引き下げには妥協してくれない
どうやって失業を解消させるべきか?

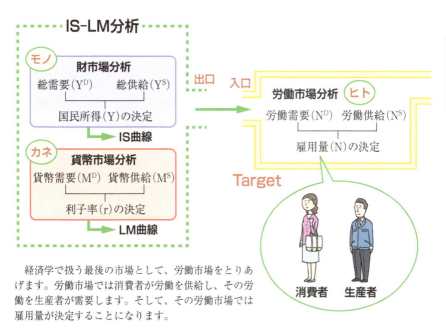

経済学で扱う最後の市場として、労働市場をとりあげます。労働市場では消費者が労働を供給し、その労働を生産者が需要します。そして、その労働市場では雇用量が決定することになります。

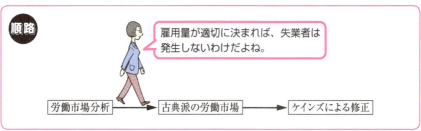

※経済学では労働の記号はlaborを使い、頭文字のLで表されることが多いですが、このケインズ体系では、**N**（**Number**）を使います。なぜ、Lを使わないかというと、すでに貨幣需要でLを使ってしまっているからです。労働需要をN^D、労働供給をN^Sとします。

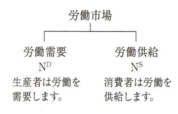

1 古典派の労働市場の考え方

　労働市場では、生産を行うための「労働」が取引されています。
　これは、財市場でモノ、貨幣市場ではお金、それらと同じように労働にも需要と供給があり、モノが取引されることで、そのモノの価格が決定するように、労働市場では労働への対価である賃金が決定されることになります（賃金というのはいいかえれば「労働力の価格」です）。

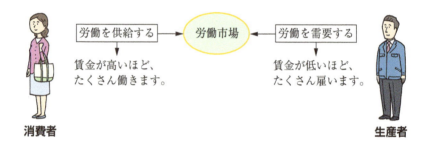

　これまでの学習では、「お金を支払う」という需要の大きさが経済を牽引するという話をしてきましたが、消費者はお金を支払ってモノを買うためには、所得が必要であり、仕事をして給料をもらわなければなりません。それなら、消費者はモノを購入する前に、できるだけ高い賃金で多くの仕事をしたいと思うでしょう。このような消費者が仕事をする行為を経済学では「労働を供給する（**労働供給**：N^S）」とよびます。

　いっぽう、生産者も生産量を増やすために、できるだけ安い賃金の支払いで、多くの労働者を雇いたいと思うはずです。逆に高い賃金を支払わなければならない場合だと雇用数を減らすことになるでしょう。このように生産者が労働者を雇うことを、経済学では「労働を需要する（**労働需要**：N^D）」とよびます。

　さて、労働力の価格、いわゆる賃金に関しては額面でみる名目賃金と、モノで測る実質賃金がありますが、ここで使用する賃金は、**実質賃金**になります。

　どうして実質賃金を使うのか？　次のような理由を考えてみましょう。たとえば、1990年代に名目所得（その時々の額面上の所得）が1960年代の10倍になったとしましょう。しかし、これは単純に「増えた！」とはいえません。

　なぜなら、60年代と90年代とでは物価もその期間にずいぶん上昇しているからです。もし、物価も10倍になっていれば、実質所得はまったく増加したことにはなりません。このように物価を考慮した所得が実質所得になります。その実質所得は、時間ごとにもらえる賃金が源泉になっています。そのため、賃金に関しても額面上の名目賃金ではなく、実質賃金を用いて説明がなされます。

　まず、最初に労働市場の考え方として、ミクロ経済学を前提とした古典派の場合について考えていきます。考え方はモノの市場と同じです。

モノの市場　　財（モノ）の市場における需給バランスと価格メカニズム

　古典派の想定する財（モノ）の市場は、価格が機能的に上がったり下がったりして、品不足も売れ残りもない、需要と供給が常に一致するような状態を想定しています。

　たとえば、あるモノが市場価格よりも高い値段になっていたとしましょう。高い値段であれば生産者はたくさんつくるので、結局は市場はモノがあふれてしまいます（**超過供給**）。しかし、モノが余っている状態では生産者はお金を回収できないので、売れるようにするために価格を引き下げるはずです。結局、需要者が買ってくれる水準に価格はなっていきます。

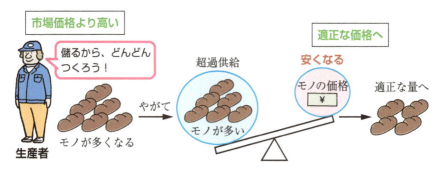

逆に、あるモノが市場価格よりも低い値段になっていたらどうなるでしょう。低い値段であれば生産者はあまりつくらないので、市場では品不足になっていて、ほしい人の手に入りません（**超過需要**）。品薄の状態では、需要者は、高くても手に入れたいと思うはずでしょう。「ほしい！」という需要が高ければ価格は上昇していきます。結局、需要者も供給者も納得がいく価格になっていき、それに応じて生産者も新たにつくることになっていき、需給は一致していくことでしょう。

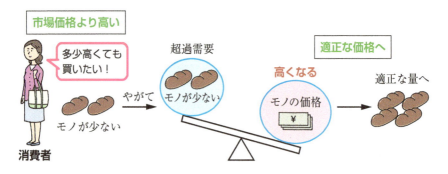

こうした超過供給があれば価格は下がり、超過需要があれば価格が上がるような調整メカニズムを通じて、需要と供給が一致するような**望ましい価格と取引量**が実現します。

古典派はこうした価格調整作用に絶大な信頼を置き、**市場の力**が不均衡を解消させると考えます。

労働の市場　　労働市場における調整メカニズム

次に、同じような調整メカニズムを労働市場にもあてはめていきます。

たとえば、需要と供給が一致するような実質賃金が1,000円の場合であったとします。今、なんらかの理由で実質賃金が1,200円で取引がなされたとしましょう。

その場合、賃金が高いために、働きたいという労働供給が雇用したい労働需要の大きさを超えてしまい、**労働の超過供給**がおきてしまいます。この労働の超過供給（働きたいという人が多すぎる）こそが、古典派が考える「**失業**」になります。

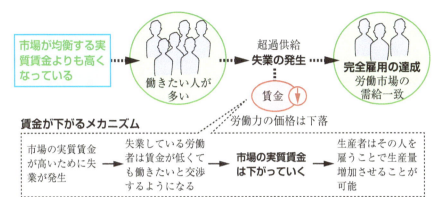

古典派は、このような失業は市場の力で解消されると考えます。失業している労働者は賃金が現行より安くても働こうとするし、企業も安い賃金で雇えるのなら、それを雇って生産を拡大させようするからです。したがって、今、市場で超過供給が発生している状況ならば実質賃金は下がっていくと考えられます。

このように、古典派の労働市場は、実質賃金（労働力の価格）が伸縮的に動くことによって失業（超過供給）が**一時的**なものに過ぎなくなり、やがて需給バランスがとれた労働市場が実現すると考えます。

逆に、需要と供給が一致するような実質賃金が1,000円の場合で、今、なんらかの理由で実質賃金が800円で取引がなされたとします。その場合、賃金が低いために、働きたいという労働供給が雇用したい需要の大きさに満たなく、**労働の超過需要**が発生してしまいます。この労働の超過需要が労働市場における「**人手不足**」になります。

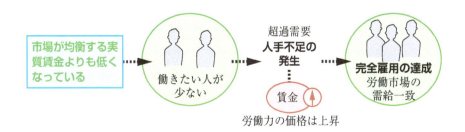

古典派は、このような人手不足も市場の力で解消されると考えます。人手不足の生産者は現行の実質賃金を上げてでも労働者を雇って生産を拡大させようするからです。もちろん、実質賃金が引きあがれば働きたい労働者も増えることでしょう。したがって、今、市場で超過需要が発生している状況ならば実質賃金は上がっていくと考えられます。

　以上のように、実質賃金、つまり労働力の価格が伸縮的に作用するので、一時的な不均衡から、やがて需給バランスがとれた労働市場が実現するようになり、常に**市場の力**で**完全雇用**が達成されます。

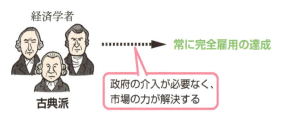

古典派の考え方では、失業の解決法は、市場で実質賃金が下がることを前提にしているんだね。

そう、古典派はつくったものが全部売れることを基本としているので、生産量を拡大できれば雇用者への支払いも可能になりますからね。

2　ケインズの労働市場の考え方

　1930年代の「**世界恐慌**」は、アメリカでは失業率24％超という失業者を発生させ、大きな所得の低下を引きおこしました。

　このような失業は、古典派が主張するような一時的なものとは考えにくく、古典派の経済学だけでは説明できないという問題点が生じることになり、ケインズは古典派の労働市場の分析を修正することになります。

> 《参考》ケインズは古典派の労働市場を認める。
>
> 　ケインズは、ミクロ経済学を前提とした古典派の労働市場の考え方を「古典派の公準」として認めることになります。まず、労働需要は生産者の利潤最大化行動が前提となる

こと（**古典派の第1公準**）、労働需要は消費者の効用最大化行動が前提となる（**古典派の第2公準**）ことをふまえて、第2公準に修正を加えることになります。

「古典派の公準」という言葉は、古典派は自分たちを古典派と名乗ることはないので、ケインズによって名づけられた主張です。

ケインズの考え方では、有効需要の原理によって、財市場では先に需要の大きさが決まって、それに応じて供給の大きさ（生産の水準）が需要に等しくなるように決まります。その供給にしたがってどれくらいの雇用をするべきかが決定します。

つまり、古典派のようにいくらでも雇用して生産量を拡大できるというものではありません。あくまで需要の大きさまでの水準になります。

そして、ケインズが想定したのは、賃金はなかなか下がらないということです。

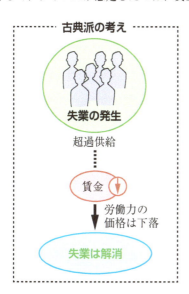
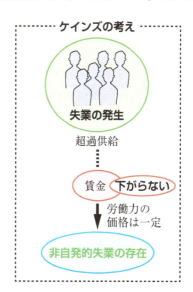

この「賃金が下がりにくい」という背景には、当時、**労働組合の圧力や最低賃金などの制度的な制約**が存在し、賃金が変動しにくい環境が存在しました。これにより、賃金には下限というものがあってそれ以下には下がりません（下げようとすると強い抵抗がありました）。いいかえれば、失業が発生している段階では失業はこの下限の水準の給料に従うことになります。

こうした「下限以下に賃金が下がらないこと」を賃金が「**下方硬直的**」であるといい、失業が発生する原因は古典派が考えるような「賃金が高いから」というわけではありません。現行の賃金でいくらでも働く意思があります。しかし、賃金が下らないために、いつまでも超過供給の状態が続いてしまい、現行の賃金水準で働き

たくても働けない**非自発的失業**が存在してしまうことになります。

　こうした失業者が存在する状況、つまり完全雇用に満たない状況でも労働市場では需給が一致した状態が成立してしまうことになります。

※ケインズは、消費者は効用を最大化させることを前提に労働を供給することを認めましたが、それは完全雇用の水準を超えた段階からになります。つまり、非自発的失業が発生し、完全雇用に満たない経済では、労働者はこうした制度的に定められた最低賃金にしたがう、というように修正しました。

> **Key Point**
> 　ケインズが想定した労働市場は、制度的な制約による貨幣賃金の引き下げの圧力が強く、現行の賃金水準で働きたくても働けない非自発的失業が存在することになります。

3 非自発的失業の解消

　非自発的失業が発生している場合の解決策を考えていきます。それには、制度的に下方硬直的で動かない実質賃金を引き下げる手法を考えなくてはなりません。次のようなプロセスを想定してみましょう。

プロセス1　実質賃金について考えます

　まず、考えるべき最初のことは実質賃金についてです。実質賃金というのはモノで測った賃金のことで、分子が**名目賃金**（**貨幣賃金**ともいいます）で、記号を w とします。それを分母の物価（P）で割り算した形になっています。

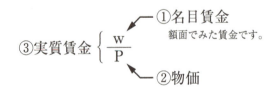

プロセス2　物価を引き上げる

　制度的な制約があるので分子の名目賃金（w）を引き下げることができません（労働者は同意しません）が、分母の物価（P）を引き上げれば、分数自体の数字は

小さくなるので、実質賃金を引き下げることが可能になります。

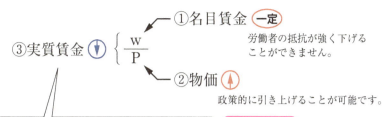

たとえば、現在、名目賃金が1,000円で物価が1から2に上昇した場合、実質賃金の変化について考えてみましょう。
物価を1とすると、

$$\frac{W}{P} = \frac{1,000\text{円}}{1} = 1,000\text{円}$$

ということです。
ここで物価を2にする政策をおこなった場合

$$\frac{W}{P} = \frac{1,000\text{円}}{2} = 500\text{円}$$

なので、実質賃金は500円になります。
名目賃金1,000円は動かない状態で実質賃金を500円に引き下げることになりました。

ここで、物価を上昇させて実質賃金を下げるという政策が実施されますが、物価が上昇したことについて問題にならないのか、疑問が残るでしょう。ここではケインズは労働者は**貨幣錯覚**に陥っているということを前提としています。これは、労働者が物価を考慮しないで名目賃金（貨幣賃金）のみを考慮し、額面だけの金額をみて労働供給をしてしまうという考え方のことです。

このことは、古典派は実質ベースの賃金で労働者が行動するということから労働者は実質賃金の関数であるいういい方をするのに対して、ケインズは物価を考慮しない**名目賃金（貨幣賃金）の関数**であると説明しています。

つまり、物価を上昇させて実質賃金を引き下げても、名目賃金が一定であれば、その名目賃金の水準を基礎に労働供給が実現され、非自発的失業が解消されると考えたのです。

プロセス3　総需要喚起政策の実施

さて、労働市場において物価を上昇させるという結論に至りましたが、財市場、貨幣市場、労働市場の3つの市場を含めて非自発的失業の解消へのシナリオは次のように示されます。

①政府が積極的に市場に介入し、財政政策による有効需要の拡大で国民所得を増加させます（大不況時であれば、金融政策よりも財政政策のほうが有効）。

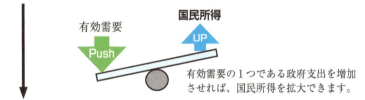

②さらに需要の拡大、**需要を喚起させることは物価をも上昇さます。**

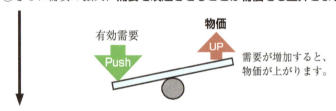

③物価の上昇によって、実質賃金を押し下げて、雇用を拡大させ、非自発的失業の解消とともに完全雇用を達成させます。

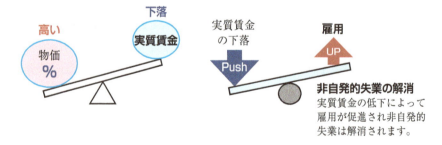

> **Key Point**
>
> ケインズは政府が市場に積極的に介入して財政政策の発動によって有効需要を創出させることが雇用の促進や所得の増加につながると主張しました。大不況下の経済では、景気を刺激するような総需要喚起（拡大）政策の実施が必要となるのです。

練習問題

古典派およびケインズの雇用に関する記述として、妥当なものはどれですか。

1. ケインズは、物価が上昇すると、貨幣賃金（名目賃金）は一定でも、雇用量は増加すると考えました。
2. 労働供給に関して、古典派は貨幣賃金（名目賃金）の関数であるとしましたが、ケインズは実質賃金の関数として、完全雇用水準に至るまで実質賃金率は一定と考えました。
3. 古典派は、非自発的失業の存在を否定し、貨幣賃金（名目賃金）が伸縮的でなくても、完全雇用が実現されるとしました。
4. ケインズによると、労働の需要と供給の交点は常に完全雇用の状態を保っています。
5. 古典派によると、賃金は下方硬直性があるので、労働者は名目賃金を下げることに同意しないと考えます。

（地方上級　改題）

【解説】

1. ○　ケインズは物価を上昇させることによって、雇用量を増加させることを主張しました。
2. ×　古典派は実質賃金の関数で、ケインズが貨幣賃金（名目賃金）の関数になります。
3. ×　古典派は実質賃金（労働力の価格）が伸縮的に動くから、市場の力だけで失業が解消されることを主張しています。
4. ×　古典派は常に完全雇用が実現すると考えましたが、ケインズは非自発的失業者がいる不完全雇用の状態でも経済が成立すると考えました。
5. ×　ケインズの考えです。労働市場が下方硬直的となり、制度的制約のため賃金は動かなくなります。

以上より、**1 が正解**です。

財市場、貨幣市場、労働市場を含めて、すべてがつながったような気がします。

有効需要の原理をもとに、需要を喚起させることで、結局、失業も解消されるんだね。

Unit 17 国民経済計算

新聞や資料などで登場する言葉を使います！

統計上のモノサシで経済をみます

　これまでのUnitでは、経済理論上の分析によって「国民所得」をどのように捉え、どのような手段で増加させたり減少させるかということを学習しました。このUnitでは、これまで扱った国民所得を「統計」のGDP（国内総生産）に置き換えて計算、考察をします。

　すでにUnit 03でも学習したように、一国の経済活動の状況を把握するものさしとして使われるGDP（国内総生産）は、Gross Domestic Productの頭文字を取ったもので、「広義の国民所得」として、本書では国民所得として使っています。これは、一定期間にどれだけの財やサービスが**新たに産み出されたか**（**付加価値**）を金額で表わしたものです。

　それを三面（生産、所得、支出）から計測することができましたが、以下で簡単に復習して、次のステップへつなげていきます。

　この付加価値の合計は次のように計測されます。たとえば、洋服というモノは突然できあがるのではなく、徐々に価値が形成されていくものです。

　最初は、綿花を栽培して、そこから綿糸をつくり、そこから洋服がつくられていきます（ここでは生産段階を単純化させて、3段階のみで示します）。

1つの製品をつくるだけで、いろいろな生産者がいるんだね。

最終生産物だけでなく、原材料をつくっている人もいれば、燃料をつくっている人、それを輸送している人などたくさんいます。

　ここで数字をあてはめてみます。生産額が綿花が20、綿糸が50、洋服が90になった場合、前段階での生産額を引き算した分が付加価値になります。

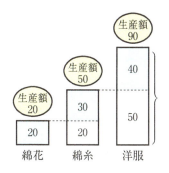

付加価値（GDPの大きさ）

| 20 | 30 | 40 |

生産額のうち新たに追加された分を足し算します。

　最終生産物はあくまで洋服であり、その最終生産物を生産するために使用された、原材料（綿花や綿糸）などを**中間生産物**といいます（パンをつくる場合だったら、中間生産物には小麦や小麦粉になるでしょう）。その中間生産物の投入額を生産額から引き算して、付加価値の大きさを求めることになりますが、もし、中間生産額を引き算しないと2重に計算するすることになってしまいます。

生産物	生産額	中間投入額	付加価値
綿花	20	− 0	20
綿糸	50	− 20	30
洋服	90	− 50	40
GDP	160	− 70	= 90

消費者には、中間生産物の生産者がみえないこともありますね。

総生産額　160　　中間生産物 70

GDP 国内総生産　90

　GDP（国内総生産）は総生産額の160から中間生産物の70を引き算すれば、90として求められますが、三面等価の原則から次のようにも求めることができます。
①生産面から計測した場合は国内総生産（GDP）になります。
②所得面（分配面）から計測すると、各生産者は生産した分だけ所得を受け取ることになるので、20 + 30 + 40 = 90 となります。
③支出面（総需要）から計測すると、最終生産物（洋服）へ支払った額になるので、90になります。

Unit 17　国民経済計算　統計上のモノサシで経済をみます

①**総生産**

生産面からの計測　国内総生産（GDP）＝（20 ＋ 50 ＋ 90）－（0 ＋ 20 ＋ 50）＝ 90

②**総所得**

所得面からの計測　国内総所得（GDI）＝ 20 ＋ 30 ＋ 40 ＝ 90

　　　　　　　　　　　　　　　　　　　　　　…各生産者の所得の合計

③**総需要**

支出面からの計測　国内総支出（GDE）＝ 90　　　…最終消費財の価格

　国内総生産は、Gross Domestic Product の頭文字を取ったもので GDP と略しますが、所得面から計測した国内総所得と、支出面から計測した国内総支出は、次の頭文字から省略して示すこともできます。

$$\begin{cases} 国内総所得（GDI）Gross\ Domestic\ Income \\ 国内総支出（GDE）Gross\ Domestic\ Expenditure \end{cases}$$

1 国内概念と国民概念

　経済の状況をみるものさしとしての広義の国民所得は、2つの概念で説明されます。それは、計測する項目のなかで、何をカウントして、何をカウントしないのかという違いから「国内」でみるのか、「国民」でみるのかということです。

　たとえば、「国内」という概念を用いた GDP（国内総生産）は、ある国のその**国内**（日本なら日本の領土内）における生産された付加価値の総額です。それに対して、「国民」という概念を用いた **GNP**（**国民総生産**、Gross National Product）は、ある国の**国民**が一定期間に生み出した付加価値の総額です。これは、日本国内の活動ではなく、日本人の活動を指標に計算されたものになります。したがって、海外に住む日本人が稼いだ所得なども加算することになります。

※ GNP で計算される国民とは、「その国に半年以上居住している人」になります。また、たとえ日本人でも、2年以上海外で暮らしている人は計算の対象から外れてしまいます。

> **GDP（国内総生産）**
>
> 　たとえば、アメリカ人でも中国人でも、日本の領土内でビジネスをおこなって、付加価値を生み出したのなら日本のGDPに入ります。
>
> 　逆に、日本人でもアメリカで稼いだお金はGDPとしては計算されません。

> **GNP（国民総生産）**
>
> 　GNPの場合、日本のGNPの計測にあたって、日本人であればその人がどこの国にいようとも計算されます。逆に、日本で働いているアメリカ人や中国人が生産した分は計算されません。

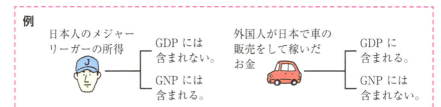

海外からの所得分を入れて分類します。

Key Point

GNP ＝ GDP ＋ 海外からの所得 － 海外への所得

　GDPからGNPにする計算方法は、GDPに海外で稼いでくる日本人の所得を足し算して、日本国内で稼いでいる外国人の所得は引き算されることになります。この差である「**海外からの所得 － 海外への所得**」は「**海外からの純所得**」という言葉でも説明されます。

海外で活躍している日本人選手がたくさんいるのに、GDPには加算されないなんて！

国民総生産（GNP）	
海外からの純所得	国内総生産（GDP）

　従来、ほとんどの日本人が日本だけで働いていた時代なら、日本の経済力を示す指標としてGNPが妥当だったと考えられていました。しかし、現在では、多くの外国人も日本国内で仕事をしているので、GDPのほうが的確な日本の経済の現状を示せると考えられます（逆にいえば、欧米諸国で働く日本人の稼ぎはそれほど経済に影響を与えているとは考えにくいわけです）。

三面等価の原則によって、生産面、所得面、支出面から計測された一定期間における付加価値の合計は、「国内」概念でも「国民」概念でもどちらでも計測され、さらに以下のように表現もできます。

	日本国内の経済活動	日本人による経済活動
生産面	国内総生産（GDP）	国民総生産（GNP）
所得面	国内総所得（GDI）	**国民総所得（GNI）**
支出面	国内総支出（GDE）	国民総支出（GNE）

　また、統計上では、GNP（国民総生産）は使われなくなりましたが、近年、投資大国に成長している日本では、国外からの所得が増加しているのを受けて、**国民総所得**（GNI：Gross National Income）が非常に重要な指標になっています。

　GDPやGNPを計算する場合、実際に市場で取引されているものを、市場価格で測定します。これは、市場の取引によって生じた正しい経済活動を示すことができるからです。
　しかし、経済力を示すものでありながら、市場で取引がなされないために、GDPやGNPに計上されないものがあり、それらを処理するために、帰属計算という手法がおこなわれます。
　たとえば、借家などは、住居サービスに対しての対価を支払いますが、**持ち家**の場合は家賃の支払いはおこなわれないために、サービスの提供に対してGDPやGNPに計上されません。そこで、あたかも家賃を払ったと擬制的に計算をしてGDPやGNPに含めることになります。そのほか、農家の自己消費や医療費の社会保障分なども、対価はなくとも経済力を示すものとして算定に使用されます。財貨・サービスの取引において実際には市場でその対価の受払いがおこなわれなかったにもかかわらず、それがあたかもおこなわれたかのようにみなして擬制的な計算をおこなうことを**帰属計算**といいます。
　また、市場で取引されていないすべてのものがすべて帰属計算されているわけではなく、家庭の育児などの**家事労働**やサラリーマンのつくった野菜の自己消費などは対象にはなっていません。
　さらに、GDPやGNPに計上されるものは「**新たに**」生み出された付加価値の総額であり、すでに存在している資産の取引によって生まれた所得は計上されません。

育児の対価はないけど、お金に換算するとすごい金額になりそうね。

たとえば、絵画や株式、土地などの売買や中古品の取引によって生まれた利益などは付加価値の測定の対象にはなりません。ただし、それらの取引における仲介手数料などは、新たに創出された付加価値であり、GDPやGNPに計上されることになります。

2 固定資本減耗

固定資本減耗（こていしほんげんもう）は、会計用語の減価償却（げんかしょうきゃく）に該当します。

これを簡単に説明すると、建物や備品は購入してから一定期間は使用できますが、永久に使用できるわけではなく、いずれは使用できなくなってスクラップになってしまいます。この使用できなくなるのはある日突然起きるのではなく、使用できる期間内で徐々に価値が減少していくと考えられます。たとえば、100万円の備品の耐用年数が10年ならば、単純に1年間で10万円の使用価値が減少しますので、その分を計上します。

この価値の減少を「すり減った」と訳され、固定資本減耗とよばれるのです。

一定期間において生産された付加価値の合計は、そのままで計算すると新品で最大能力を発揮できる状態で、まったく価値が減少していない状態で計測されています。それを、正確に計算しようとすると、この価値の減少分である「固定資本減耗」の部分を差し引く必要があるのです。

また、建物や設備のみならず、道路、橋、上下水道、学校などの社会資本ストックが増加している経済では、同時に固定資本減耗も伸びることになります（固定資本減耗は実際にお金を払っているわけではありませんが「費用」として把握されます）。

統計上の国民経済計算は**総**（Gross：**グロス**）と**純**（Net：**ネット**）という2つの概念で区別します。国民**総**生産（GNP）と国民**純**生産（NNP）との差は**固定資本減耗**になります。

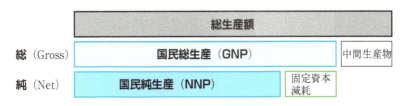

3 所得面からのアプローチ

次に、付加価値の合計は、三面等価の原則より所得の合計であるので、国民総生産（GNP）は国民総所得（GNI）と等しくなり、その総所得がどのように分配されているのか（誰が受け取っているのか）をみることによっても、GNPやGDPの計測が可能になります。

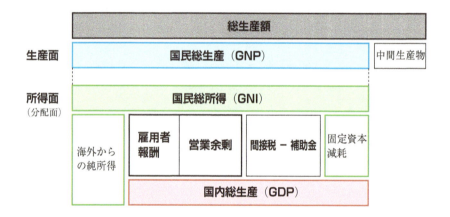

お金の支払いは、生産に貢献した労働と資本、つまり、まず労働者や生産者への分配として求められます。

①**雇用者報酬**（雇用者所得）は、生産に貢献した労働者への支払い分になります。

②**営業余剰**は、生産者（企業）が生産に貢献して、利益として生産者に分配されたものです。

③他方、生産を通じて政府に支払われた分もあります。間接税は税金として政府に支払われた分ですが、民間は政府に納税する以外に、逆に政府から補助金として支援を受けることもあります。そのため、この補助金を考慮して「**間接税 －（マイナス）補助金**」とします。たとえば、間接税として80万円支払ったとしても、助成

金として 50 万円を受け取っている場合では実質的に政府に支払っているのは 80 万円 − 50 万円 = 30 万円になります。

> **Key Point**
>
> **所得面（分配面）から推計する GDP**
> 生産を行うために要した生産要素への支払いをベースに計算した場合
> GDP ＝ 雇用者報酬 ＋ 営業余剰 ＋ 固定資本減耗 ＋（間接税 − 補助金）

4 国民所得（NI）

国民純生産は経済力を示す指標として市場で売買される価格をベースに測定された**市場価格**で表されています。価格ベースのものを土地、労働、資本の生産に貢献したものに対して支払う費用に置き換えたものを国民所得（NI：National Income）といい、これは**要素費用**の表示となります（要素というのは生産要素のことで、労働や資本への支払いを示します）。

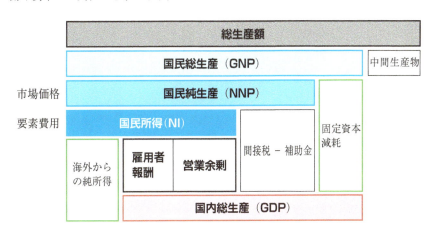

生産要素とか、要素費用って言葉が少し難しい感じがするよね！

生産に貢献した資本や労働が、「生産要素」で、それらを使ったら「要素の投入」、お金を支払ったら「要素費用」。すごく経済学的な言葉だよね。

5 支出面からのアプローチ

今度は、付加価値の合計を支出面からみてみます。有効需要の原理の考え方で国民所得を決定した式を使いましょう。経済理論では、総支出の合計として、「国民所得(Y) ＝ 消費支出(C) ＋ 投資支出(I) ＋ 政府支出(G) ＋ 輸出(X) － 輸入(M)」として表しました。これを国民経済計算上の語句に置き換えます。

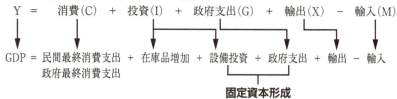

まず、消費（C）は民間と政府の消費支出に分類されます。消費支出には、民間の消費支出以外にも、政府による政府最終消費支出があります。

この**政府最終消費支出**について説明します。私たちは、普段、気がつかないうちに警察、消防、防衛などの公共サービスを受けていますが、その対価は直接には支払っていません（直接、そのサービスを購入しているわけではありません）。このような公共サービスは統計上は政府最終消費支出に計上されることになります。また、医療保険や介護保険給付の政府負担分等の現物社会給付や公務員の人件費である雇用者報酬などがあります。

投資に関しては、民間と政府の設備投資である建物、住宅、機械設備などの「**固定資本形成**」と在庫投資となる原材料、製品などの流通における「**在庫品増加**」から構成されます。これらは、資本ストックの年々の追加分となり、将来の生産拡大を担う要素（将来の収益に貢献するモノ）を持っていることから消費とは区別されなければなりません。

高齢者社会になって、医療費とか政府消費の金額が大きくなっているような気がします。

確かに政府消費によって経済への効果は期待できるけど、将来のことを考えると、やはり資本ストックを増加させるような公共投資のほうが期待大ですね！

生産面	国内総生産（GDP）			
支出面	国内総支出（GDE）			
	民間・政府最終消費支出	固定資本形成	在庫品増加	輸出 − 輸入

> **Key Point**
>
> **支出面から推計するGDP**
>
> 有効需要の大きさをベースに計算した場合
>
> GDP ＝ 民間最終消費支出 ＋ 政府最終消費支出 ＋ 在庫品増加
> 　　　＋ 設備投資 ＋ 政府支出 ＋ 輸出 − 輸入

練習問題

国民所得として計測される次の記述のうち、内容に妥当なものが2つあります。それを示しているのはどれになりますか。

- **ア．** 国内総生産（GDP）から中間生産物を差し引いたものが国内純生産（NDP）になります。
- **イ．** 国内総生産（GDP）から固定資産減耗を差し引いたものが国内純生産（NDP）になります。
- **ウ．** 国民純生産（NNP）から間接税を差し引き補助金を加えたものが国民総所得（GNI）になります。
- **エ．** 国民総所得（GNI）から輸出を加えて輸入を差し引いたものが国内総生産（GDP）になります。
- **オ．** 海外からの純所得がマイナスだった場合、国内総生産（GDP）よりも国民総所得（GNI）のほうが小さくなります。

1. ア、ウ
2. ア、エ
3. イ、エ
4. イ、オ
5. ウ、オ

（地方上級　改題）

【解説】

ア．× 国内総生産（GDP）から固定資本減耗を差し引いたものが国内純生産（NDP）になります。

イ．○ 正しいです。

ウ．× 国民純生産（NNP）から間接税を差し引き補助金を加えたものが国民所得（NI）になります。

エ．× 国民総所得（GNI）は国民総生産（GNP）と同じ大きさになり、そこから海外からの純所得を差し引いたものが国内総生産（GDP）になります。

オ．○ 国民総所得（GNI）は国民総生産（GNP）と同じ大きさになり、それは国内総生産（GDP）に海外からの純所得を足し算したものです。海外からの純所得がマイナスであれば国民総所得（GNI）のほうが小さくなります。

以上より、**4 が正解**です。

国民総生産 ＝ 国民総所得	
海外からの純所得	国内総生産（GDP）

「国民」と「国内」の違いは海外からのお金の分だね！

練習問題

次のようにデータが与えられています。

（単位：兆円）

国民総生産	495
雇用者所得	280
営業余剰	90
間接税	40
補助金	5
海外からの純所得	10

このような経済状態で、固定資本減耗と国内純生産の大きさとして、妥当なものはどれですか。

	固定資本減耗	国内純生産	（単位：兆円）
1.	70	395	
2.	75	400	
3.	80	405	
4.	85	410	
5.	90	415	

（地方上級　改題）

【解説】
以下のように図にそれぞれの数値をあてはめて、固定資本減耗と国内純生産を求めます。計算手法はどのような方向からでも可能です。

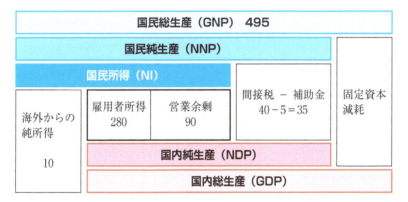

試験で出題されたときに、上のような簡単な表をつくれば、芋づる式で答えが出ます。
この表を知っていれば解けたも同然です。

国内純生産 ＝ 280（雇用者所得）＋ 90（営業余剰）＋ 35（間接税 − 補助金）＝ 405
国民純生産 ＝ 405（国内純生産）＋ 10（海外からの純所得）＝ 415
固定資本減耗 ＝ 495（国民総生産）− 415（国民純生産）＝ 80
以上より、**3 が正解**です。

索引

数字・アルファベット

45 度線　116
45 度線分析　117
B^D　29
Bond　29
B^S　29
c　69
C　30, 34, 68
C_0　69
Consumption　30, 34, 68
Demand　29
Export　34, 102
FLOW　54
G　33, 34, 82
G_0　83
GDE　206
GDI　206
GDP　31, 38, 204
GNI　208
GNP　206
Government　33, 34, 82
Gross Domestic Expenditure　206
Gross Domestic Income　206
Gross Domestic Product　31, 38, 204
Gross National Income　208
Gross National Product　206
I　31, 34, 68
I_0　73
Import　34, 102
Investment　32, 34, 68
IS-LM 分析　164
IS 曲線　165
IS 曲線のシフト　171
L_1　136, 174
L_2　142, 175
LM 曲線　173
LM 曲線のシフト　181
m　103
M　34, 102
M_0　103
M1　145
M2　145
M3　145

M^D　29, 135, 175
Money　29
Money Demand　135
M^S　29, 144, 175
N　194
N^D　29, 194
Net　209
NNP　209
N^S　29, 194
Number　29, 193
r　126
rate of interest　126
s　71
S　31, 34, 140
Saving　32, 34
STOCK　54
Supply　29
T　33, 34, 82
T_0　87
Tax　33, 34, 82
X　34, 102
X_0　102
Y　30, 34, 67
Y^D　29, 75
Y^F　119
Yield　29, 34
Y^S　29, 75

あ

アナウンス効果　162
一括課税　87
一括課税乗数　89
インカム・ゲイン　137
インバウンド消費　112
インフレ　57, 120
インフレ・ギャップ　120
インフレーション　57
売りオペ　158
円高　62
円安　62
オーバーナイト物　162

か

買いオペ　158
海外　28
外国貿易乗数　106
開放経済　33
開放マクロ・モデル　104
価格の硬直性　15
価格の適正化　13
家計　28
家計可処分所得　82
可処分所得　33, 82

貨幣　29
貨幣供給　29, 144, 175
貨幣錯覚　201
貨幣市場　29
貨幣市場の均衡　175
貨幣市場分析　125
貨幣需要　29, 132, 175
貨幣の機能　133
貨幣の中立性　184
下方硬直的　199
神の見えざる手　12
為替レート　62
完全雇用　119, 198
完全雇用国民所得　119
企業　28
帰属計算　208
基礎消費　69
基礎輸入　103
キャピタル・ゲイン　137
キャピタル・ロス　137
均衡予算　94
均衡予算乗数　95
金融機関　28
金融政策　155, 182
クラウディング・アウト　189
ケインズ　6
限界～　53
限界消費性向　69
限界貯蓄性向　71
限界輸入性向　103
現金準備金　147
現金準備率　147
減税　91
公開市場調査　158
交換比率　62
公共投資　4
広義流動性　145
公債費　23
公定歩合操作　160
高度経済成長　24
コール市場　162
コールレート　162
国債　22
国内総支出　206
国内総所得　206
国内総生産　31, 38, 204
国民経済計算　204
国民純生産　209
国民所得　30, 37, 67, 177
国民所得の決定式　84
国民総所得　208
国民総生産　206
コスト・プッシュ・インフレ　59

コスト効果　161
固定資本形成　212
固定資本減耗　209
古典派　11
古典派の公準　198
コンソル債権　138

さ

債券　29, 136
債券価格　140
債券供給　29
債券市場　29
債券需要　29
在庫品増加　212
財市場　29
財市場分析　52
最終財　62
財政赤字　111
財政黒字　111
財政収支　111
財政乗数　85
財政政策　14, 172
三面等価の原則　39
支出国民所得　39
市中銀行　146
失業　12, 197
実質　56
実質貨幣供給　175
実質国民所得　121
実質賃金　195
支払準備金　147
資本財　62
締め出し効果　189
社会保障　23
集計単位　8
準通貨　145
純輸出　61
乗数　79
消費　30, 34, 68
消費関数　70
消費者　28
消費税引き上げ　91
所得　15, 30, 34
信用創造　150
信用創造乗数　151
ストック　54
税金　33, 34, 82
生産国民所得　39
生産者　28
生産物市場　29
セイ（セー）の法則　17
政府　28
政府最終消費支出　212

政府支出　4, 33, 34, 82
政府支出（財政）乗数　85, 106
世界恐慌　14, 198
総供給　29, 75
総需要　29, 75
総需要管理政策　123
増税　89
租税乗数　89, 106

た

小さな政府　13
中間財　62
中間生産物　205
超過供給　179, 195
超過需要　196
貯蓄　31, 34
貯蓄関数　71
貯蓄超過　111
定額税　87
ディマンド・プル・インフレ　58
デフレ　60
デフレ・ギャップ　119
デフレ・スパイラル　60
デフレーション　60
投機的動機　136
投機的動機に基づく貨幣需要　142, 175
投資　31, 34, 68
投資関数　73
投資乗数　79, 106
独立投資　73
取引的動機　135
取引的動機に基づく貨幣需要　135, 174
取引費用　133

な

内需拡大　113
日銀　153
日本銀行　153
日本銀行券　154
ニューディール政策　16

は

ハイパワード・マネー　154
非自発的失業　14, 119, 200
人手不足　197
付加価値　37
物価上昇　120
フロー　54
分配国民所得　39
閉鎖経済　32
貿易赤字　111

貿易黒字　111
貿易収支　111
法定準備金　147
法定準備率　147
法定準備率操作　159

ま

マクロ・モデル　29
マクロ一般均衡　28
マクロ経済学　8
マネーサプライ　144
マネーストック　144
マネタリーベース　154
ミクロ経済学　8
民間収支　111
無限等比級数　43
無限等比級数の和　43, 139, 150
無限等比級数の和の公式　45, 98, 139, 150
無担保コールレート　162
名目　56
名目賃金（貨幣賃金）の関数　201
メニュー・コスト　15

や

有効需要　18
有効需要の原理　18
輸出　34, 102
輸出乗数　106
輸入　34, 102
輸入関数　104
預金　145
預金準備金　147
予備的動機　135
予備的動機に基づく貨幣需要　135, 174

ら・わ

リーマンショック　22
利子率　125, 177
利息　137
流動性選好（説）　142, 173
労働　29, 194
労働供給　29, 194
労働市場　29, 193
労働市場分析　193
労働需要　29, 194
労働の超過供給　197
労働の超過需要　197
割引現在価値　128

著者紹介

茂木 喜久雄
1965年、北海道生まれ。早稲田大学大学院修了。大手公務員指導校などでの経済学の指導、米国リテイラーを経て独立。著書に『らくらくミクロ経済学入門』、『らくらくマクロ経済学入門』（いずれも週刊住宅新聞社、のちに洋泉社より新版刊行）、『絵でわかるミクロ経済学』（講談社）などがある。

経済学の情報はインターネットで、著者主宰のホームページをご利用ください。
＜茂木経済塾＞
「経済学」に関する解説や試験情報などの発信基地です。
http://www.mogijuku.com/

＜経済学の杜＞
公務員試験の情報を中心とするブログです。
http://oshie.com/　　　（おしえコム）

NDC331　　223p　　21cm

絵でわかるシリーズ
絵でわかるマクロ経済学

2019年1月15日　第1刷発行

著　者	茂木喜久雄
発行者	渡瀬昌彦
発行所	株式会社　講談社

〒112-8001　東京都文京区音羽2-12-21
　　　販売　(03)5395-4415
　　　業務　(03)5395-3615

編　集	株式会社　講談社サイエンティフィク
	代表　矢吹俊吉

〒162-0825　東京都新宿区神楽坂2-14　ノービィビル
　　　編集　(03)3235-3701

本文データ制作　美研プリンティング　株式会社
カバー・表紙印刷　豊国印刷　株式会社
本文印刷・製本　株式会社　講談社

落丁本・乱丁本は、購入書店名を明記のうえ、講談社業務宛にお送りください。送料小社負担にてお取替えします。なお、この本の内容についてのお問い合わせは、講談社サイエンティフィク宛にお願いいたします。定価はカバーに表示してあります。

© Kikuo Mogi, 2019

本書のコピー、スキャン、デジタル化等の無断複製は著作権法上での例外を除き禁じられています。本書を代行業者等の第三者に依頼してスキャンやデジタル化することはたとえ個人や家庭内の利用でも著作権法違反です。

[JCOPY]〈(社)出版者著作権管理機構　委託出版物〉
複写される場合は、その都度事前に(社)出版者著作権管理機構（電話 03-3513-6969、FAX 03-3513-6979、e-mail : info@jcopy.or.jp）の許諾を得てください。

Printed in Japan

ISBN 978-4-06-513305-7